남북한 일반인이 알아야 할

부동산 용어사전

북한개발연구소

북스힐

남북한 일반인이
알아야 할

부동산 용어 사전

북한개발연구소

북스힐

『남북한 일반인이 알아야 할
부동산용어사전』 출간진

출간총괄	**김병욱**	사)북한개발연구소 소장
행정예산관리	**이선례**	현)북한개발연구소 총무이사, 전)경찰직 공무원
감수/ 대표집필	**한용운**	현)성균관대학교 초빙교수, 전)겨레말큰사전편찬사업회 편찬실장
표세어 집필	**박상훈**	남북부동산 용어사전 집필위원
	이시우	남북부동산 용어사전 집필위원
	한수미	남북부동산 용어사전 집필위원
쉬어가기 집필	**김수연**	경기대학교 한반도 전략문제 연구소 연구위원
	김영희	남북하나재단 부장
	김형수	뉴스인사이트 기자
	오영철	L&P Pacific 팀장
	이지영	서울사이버 대학교 교수
	장혜원	하나금융경영연구소 연구원
	정은찬	통일부 국립통일교육원 교수
	조충희	굿파머스 연구소 소장
	조현성	기업은행 경제연구소 차장
	현인애	이화여자대학교 초빙교수
자문진	**장대섭**	전국대학교 부동산 교육협의회 회장
	김영준	동북아 부동산연구원 대표
	문영순	북향민 출신 공인중개사

『남북한 일반인이 알아야 할 부동산용어사전』은 재단법인 통일과나눔이 2020년에 실시한 민간단체지원사업의 결과물로 발간하였으며 저작권은 재)통일과나눔에 있습니다.

『남북한 일반인이 알아야 할 부동산용어사전』 발간사

안녕하세요

전민소유하 북한의 부동산 시장은 어떻게 운영될까요? 남한의 강남지역과 강북지역에서와 같이 북한의 서평양 지역과 동평양 지역간 부동산 가격에도 차이가 있을까요? 불법이라던데 중개수수료는 어느 정도인가요? 묻고 싶은 것이 너무나 많을 것 같습니다. 이러한 질문에 완벽하지 않더라도 답을 할 수 있는 백과사전식 부동산 용어 비교사전이 발간되기는 처음입니다.

본 사전은 남북한 출신 19명이 참여하여 궁금증을 자아내는 북한 부동산 용어를 일반인들이 쉽게 이해할 수 있도록 편찬하였습니다. 특히 북향민들이 직접 집필한 쉬어가기 내용을 통해 남북한 부동산 제도의 다른 점을 심층적으로 알수 있도록 안배하였습니다.

남북한 출신이 공동으로 발간할 수 있는 기회를 준 재단법인 통일과나눔에 감사를 드리며 본 사전이 북한 부동산 시장을 이해하는 안내도서로, 남과 북 부동산 분야 교류협력에 도움을 주는 도서로 되길 기대합니다.

2022년 2월

사)북한개발연구소 소장 김병욱

일러두기

1. 이 책은 북한 겨레의 남한 부동산 용어에 대한 이해를 돕고, 아울러 남한 겨레의 북한 부동산 용어에 대한 이해를 돕기 위해 편찬한 사전이다.
2. 이 사전은 남한과 북한에서 널리 쓰이는 부동산 용어를 표제어로 선정하여 집필하였으며, 집필된 원고는 감수·교정·편집 등의 과정을 거쳐 발간하였다.
3. 이 사전의 표제어는 남북 부동산 용어 전문가들로 구성된 '용어 선정 및 자문팀'에서 선정하였다.
4. 집필은 남한 사전편찬가들이 하였고, 집필한 원고는 부동산 전문가의 감수를 받았다.
5. 이 사전에서는 표제어와 관련된 내용을 주제로 '[쉬어가기]' 난欄을 두었다. '[쉬어가기]'는 남북의 부동산 상황을 모두 겪은 북향민들이 집필하였다.
6. 사전의 표제어와 색인은 각각 '한글 자모순'으로 배열하였다.
7. 사전의 표기는 다음의 기준에 따랐다.

   가. 표기법은 기본적으로 '한글 맞춤법'과 국립국어원의 '표준국어대사전'을 따랐다. 다만, 북한 자료를 인용할 경우 북한 자료의 표기법을 그대로 따랐다.

   나. 띄어쓰기는 한글 맞춤법에 따라 띄어 쓰는 것을 원칙으로 하였다. 다만, 용례의 경우 남북에서 표기된 '원문의 띄어쓰기'를 그대로 따랐다.

   다. 표제어와 뜻풀이는 한글 표기를 원칙으로 하되, 일부의 경우 한자와 로마자 표기를 '( )' 속에 병기하였다.

8 표제어의 풀이는 다음의 기준에 따랐다.

가. 뜻풀이는 '정의항 + 부가 뜻풀이' 형식으로 제시하였다.

나. 남북의 부동산법이나 관련 용어에 차이가 있으므로 '[더 알아보기]'에서 상세한 설명을 덧붙여 남북 겨레의 이해를 돕고자 하였다.

다. 표제어에 대한 이해를 돕기 위하여 '[동의어]'와 '[관련어]' 등을 제시하였다.

라. 용례는 자주 쓰이는 '관용적인 구句 표현'을 먼저 제시하고, 다음으로 남북의 문헌이나 신문 자료 등에서 실제로 쓰인 문장을 '[용례]' 난欄에 제시하였다.

마. 집필에 참고한 문헌에 한해 '[출전]'을 제시하였다. 출전은 다음의 형식에 따라 제시하였다.

① 논문: 집필자, 발간 연도, 논문 제목, 게재지, 발간 기관.

② 단행본: 집필자, 발간 연도, 책 제목, 게재지, 발간 기관.

9 표제어에 대한 정보 제시는 아래의 순서로 전개하였다.

① 표제어　② 뜻풀이　③ 용례　④ 동의어

⑤ 관련어　⑥ 출전　⑦ 삽화　⑧ 집필자

10 표제어의 특징이 잘 드러나는 '삽화' 및 '사진'을 제시하였다. '삽화' 및 '사진'을 인용할 경우에는 그 출처를 밝혔다.

11 부록에는 다음의 내용을 포함하였다.

가. 남북 부동산 용어 대응쌍 제시

나. 참고 문헌

① 집필 관련 출전

② 용례 출전

목차

가등기

假登記, Provisional Registration

본등기를 할 수 있는 요건을 갖추지 못한 경우에 본등기의 순위를 보전하기 위하여 임시로 하는 등기. 소유권, 지상권, 전세권, 저당권, 임차권 등의 설정·이전·변경, 또는 소멸의 청구권을 보전하기 위한 예비 등기이다. 가등기를 한 이후에 본등기를 하게 되면 본등기의 순위는 가등기의 순위에 따른다.

북한은 남한과 법 제도가 다르므로, '가등기'라는 말을 쓰지 않는다. 다만, 북한의 웹사전인 『거울사전 2.0』(2017)에서 '가등기'를 표제어로 등재한 후, 이 단어가 자본주의 사회에서 쓰인다는 설명을 하고 있다. 그 뜻풀이는 "앞으로 하게 될 본등기의 순위를 보존하기 위하여 미리 하는 등기. 예비등기의 한 종류이다. 가등기를 한 후 필요한 조건이 완비되여 본등기를 하면 그 본등기의 순서는 가등기의 순서에 의존한다.…"라고 되어 있다.

더 알아보기

부동산에 대한 매매 예약을 했더라도 소유권을 취득하기 전에 다른 사람이 여기에 저당권 등기를 하면 후순위의 취득자는 손해를 보게 된다. 이런 일을 방지하기 위해 가등기를 할 필요가 있다. 가등기를 한 다음에 본등기를 하면 대항력의 순위가 가등기를 한 때로 소급된다. 따라서 가등기 후에 이루어진 모든 등기는 효력을 상실한다. 가등기는 본등기보다 절차가 간단하여 많이 활용되고 있다.

가등기에는 청구권을 보전하기 위한 가등기 외에도 '담보가등기'가 있다.

'담보가등기'란 채권 담보를 목적으로 하는 가등기를 말한다. 채무자 또는 제3자 소유의 부동산이 담보의 목적물이 된다. 채권자와 채무자 또는 제3자 사이에서 대물변제 예약 또는 매매 예약 등을 하고, 동시에 채무자가 채무를 갚지 못할 경우 발생하게 될 장래의 소유권이전청구권을 보전하기 위해 가등기를 한다. 관련 법령은 「가등기담보 등에 관한 법률」이다.

◎ 용 례 임차인이 전입신고를 하기 전까지는 등기부에 권리 관계(가압류, {가등기}, 근저당권 등)가 하나도 없어야 한다. 만약 근저당권 등의 권리가 있으면 대항력은 생기지 않는다.《연합인포맥스, 2021년 6월 16일》 / 이들은 자기 자본이 거의 없이 은행 대출금이나 사채 등으로 건축물 건축에 나섰고, 과도한 채무로 사업 진행에 어려움을 겪게 되자 가압류와 {가등기} 등이 설정된 건물을 분양했다.《뉴시스, 2020년 12월 3일》

◎ 관련어 본등기, 예비등기, 담보가등기.

◎ 출 전 「가등기담보 등에 관한 법률」(법률 제14474호, 2016. 12. 27.).
「부동산등기법」(법률 제16912호, 2020. 2. 4.).
국가국어사정위원회·통계정보기술교류사(2017), 『거울사전 2.0』.
네이버 지식백과: 법률용어사전(법문북스), https://terms.naver.com/list.naver?cid=42131&categoryId=42131
찾기 쉬운 생활법령정보(법제처), https://easylaw.go.kr

◎ 집필자 박상훈

감정평가

鑑定評價, Appraisal and Assessment

감정업자가 동산, 부동산 등의 경제적 가치를 측정하여 그 결과를 가격으로 표시하는 일. 토지 및 그 정착물, 동산, 그 밖에 대통령령으로 정하는 재산과 이들에 관한 소유권 외의 권리·임대료 등의 경제적 가치를 통화 단위로 표시한 것을 말한다.

남한과 사회 체제가 다른 북한에서는 이 용어가 쓰이지 않는다.

더 알아보기

1918년 10월에 조선식산은행에서 감정평가를 처음으로 도입하였으나 제도적으로는 1989년 7월 1일에 「지가공시 및 토지 등의 평가에 관한 법률」이 제정된 후에 시행되었다. 토지평가제도를 체계화하고, 토지·건물·동산 등에 대한 감정평가제도를 효율화하려는 목적에서 비롯되었다.

1969년 4월에 설립된 한국감정원이 업무를 수행해 오다가 1989년 「지가공시 및 토지 등의 평가에 관한 법률」에 의하여 토지공개념이 도입되며 민간업체들도 나타났으며, 1997년 말부터는 부동산시장을 해외에 개방하며 국제적인 업체들까지 등장하게 되었다.

평가하는 대상은 공시지가, 각종 공공사업과 관련된 징발토지의 보상, 토지에 관한 국세·지방세 등의 세금과 개발이익금·개발부담금 부과 기준가격 산정, 조성용지 분양, 관리 처분, 자산관리, 경매 및 소송, 담보와 일반거래, 부동산컨설팅 등 매우 다양하다.

감정평가의 실시 절차는 '기본 사항의 확정 → 처리계획 수립 → 대상물건 확인 → 자료수집 및 정리 → 자료검토 및 가격형성요인 분석 → 감정방법 산정 → 감정가격 결정 → 감정평가액 표시' 등으로 진행하며, 합리적이고 능률적인 감정을 위해 필요에 따라 순서를 조정할 수 있다.

- **용 례** {감정평가를} 거치다. / 군은 후속 업무로 등기촉탁을 관할 등기소에 의뢰하고 향후 면적 증감이 있는 토지에 대한 {감정평가를} 실시해 토지소유자에게 알릴 예정이다.《아시아경제, 2022년 1월 18일》 / 현행법은 감정평가법인이 법령을 위반해 {감정평가를} 하더라도 이의신청을 단 한 차례만 할 수 있고, {감정평가를} 잘못한 경우에도 이의신청자가 그 비용을 부담하도록 돼 있는데 이를 개선한 것이다.《이데일리, 2021년 12월 8일》
- **동의어** 평가.
- **관련어** 감정평가사, 토지공개념.
- **출 전** 네이버 지식백과: 두산백과, https://terms.naver.com/entry.naver?docId=1231945&cid=40942&categoryId=31819
  네이버 지식백과: 한국민족문화대백과, https://terms.naver.com/entry.naver?docId=565116&cid=46625&categoryId=46625
  미래와경영연구소(2018),『부동산용어』, 미래와경영.
  상식연구소(2021),『부동산용어사전 1252』, 서원각.
- **집필자** 이시우

개발이익환수제도

開發利益還收制度, Development Profit Recovery System

토지의 개발 등으로 땅값이 크게 오르면서 얻은 이익의 일부를 국가가 거두어들이는 제도. 남한에서는 토지에서 발생하는 개발 이익을 환수하여 이를 적정하게 배분함으로써 토지에 대한 투기를 방지하고 토지의 효율적인 이용을 촉진하기 위하여 「개발이익환수에 관한 법률」이 1989년에 제정되었다. 이 법에 따라 개발사업 시행자가 얻는 개발 이익의 일부는 '개발부담금'으로 국가에 환수된다.

남한과 사회 체제가 다른 북한에서는 이 용어가 쓰이지 않는다.

더 알아보기

남한에서는 1960년대 이후 고도의 경제 성장을 거치면서 막대한 부동산 개발 이익이 발생하였다. 이 과정에서 부동산 투기 세력에 의해 부동산 가격은 폭등하였고, 그 결과 부의 편중이 심화되었다. 이러한 문제점을 해결하기 위해 1980년대 말 토지공개념에 입각하여 「토지초과이득세법」, 「택지소유상한에 관한 법률」, 「개발이익환수에 관한 법률」(이하, '개발이익환수법')의 3법이 제정되었으나, 앞의 두 법률은 '위헌' 또는 '헌법불합치결정'으로 폐지되고 현재는 '개발이익환수법'만이 시행되고 있다.

개발이익환수법에서 '개발 이익'이란 "개발 사업의 시행이나 토지 이용 계획의 변경, 그 밖에 사회적·경제적 요인에 따라 정상지가正常地價 상승분을 초과하여 개발 사업을 시행하는 자나 토지 소유자에게 귀속되는 토지 가액의 증가분"을 말한다. 또한 개발부담금의 부과 대상인 '개발 사업'이란 국가나 지방자치단체로부터 인가·허가·면허 등을 받아 시행하는 택지개발사업이나 산업단지개발사업, 관광단지조성사업, 도시개발사업, 지역개발사업 및 도시 환경정비사업 등을 말한다. 개발 사업 시행자는 이 법에 따라 산정된 개발 이익의 20~25%를 '개발부담금'으로 납부하여야 한다.

○ 용 례 {개발이익환수제도를} 도입하다. / 정부가 … {개발이익환수제도의} 전반적인 개선을 검토하기로 했다. 최근 국회를 중심으로 제기되는 개발이익 환수 비율 상향 논의에 정부가 화답한 것으로 해석된다.《한국일보, 2021년 10월 27일》 / 국토교통부가 도시개발사업에서 민간사업자의 {개발이익환수제도} 등을 강화한다. 국토부는 최근 도시개발사업 과정에서 발생한 민간의 과도한 개발이익 논란이 재발하지 않도록 민·관 공동 도시개발사업 공공성 강화를 위한 제도 개선을 추진하기로 결정했다고 4일 밝혔다.《비즈니스포스트, 2021년 11월 4일》

○ 동의어 개발이익환수제.

○ 관련어 재개발사업, 도시개발사업, 토지공개념.

○ 출 전 「개발이익환수에 관한 법률」(법률 제17007호, 2020. 2. 18.).

이춘원(2017), 「개발이익환수에 관한 검토」, 『不動産法學』 21-2, 한국부동산법학회, 129-159쪽.

장희순·김성진(2020), 『부동산용어사전』, 부연사.

○ 집필자 박상훈

개발제한구역

開發制限區域, Development Restriction Area

국토교통부 장관이 도시 개발을 제한하도록 지정한 구역. 도시의 무질서한 확산 방지와 도시의 자연환경 보전 따위를 위하여 지정한다. 「국토의 계획 및 이용에 관한 법률」에 따라 도시·군관리 계획으로 지정한 용도구역이다. 이 구역 내에서는 「개발제한구역의 지정 및 관리에 관한 특별조치법」에 따라 건축물의 신축이나 증축, 용도 변경, 토질의 형질 변경, 나무를 베거나 물건을 쌓아놓는 행위 등이 제한되며 도시계획사업도 할 수 없다. 공익적 개발은 허용되나 개인적 개발은 거의 불가능하며, 경우에 따라 허가를 받은 행위와 사업만 가능하다. '생산녹지'와 '차단녹지'로 구분된다.

남한과 사회 체제가 다른 북한에서는 이 용어가 쓰이지 않는다.

더 알아보기

1971년부터 1977년까지 8차에 걸쳐 전국에 총 5,937km^{2}의 개발제한구역이 지정되었다. 이후 2000년에 「개발제한구역의 지정 및 관리에 관한 특별조치법」 제정을 계기로 개발제한구역 해제가 시작되었다. 서울시의 경우 25개 자치구 중 19개 구에 걸쳐 166.82km^2 규모의 개발제한구역이 지정되었는데, 2019년 12월을 기준으로 총 17.69km^{2}의 개발제한구역이 해제됨에 따라 서울시 행정구역 면적의 24.6%인 149.13km^{2}가 개발제한구역으로 관리되고 있다.

개발제한구역 중 '생산녹지'는 도시나 도시 근교의 농지나 임야 및 산지,

농장, 유원지 등을 보호하기 위해 지정해 놓은 녹지이다. 생산녹지에서는 농경, 목축, 임업 등과 관련된 생산 활동과 경제 활동이 가능하다. '차단녹지'는 공장에서 배출되는 매연, 오염, 소음, 재해 시 발생되는 화재 등을 차단하기 위해 지정해 놓은 녹지이다.

「개발제한구역의 지정 및 관리에 관한 특별조치법」에 규정된 개발제한구역의 지정 기준은 다음과 같다.

- 도시가 무질서하게 확산되는 것 또는 서로 인접한 도시가 시가지로 연결되는 것을 방지하기 위하여 개발을 제한할 필요가 있는 지역.
- 도시주변의 자연환경 및 생태계를 보전하고 도시민의 건전한 생활환경을 확보하기 위하여 개발을 제한할 필요가 있는 지역.
- 국가보안상 개발을 제한할 필요가 있는 지역.
- 도시의 정체성 확보 및 적정한 성장 관리를 위하여 개발을 제한할 필요가 있는 지역.

용 례 {개발제한구역으로} 지정하다. / {개발제한구역을} 해제하다. / 경기 의정부시는 장암역 일원에 도봉면허시험장 이전사업 추진으로 {개발제한구역을} 해제하는 등 지역 개발 여건을 마련했다고 7일 밝혔다.《국민일보, 2022년 1월 7일》 / 대형견 등 60여 마리를 사육하던 인근 B농장은 {개발제한구역에} 마음대로 물건을 쌓아두는 등 불법 행위가 적발돼 구리시로부터 원상 복구 명령 등을 받았다.《연합뉴스, 2022년 1월 5일》

동의어 그린벨트(greenbelt).

관련어 생산녹지, 차단녹지.

《 도시 모식도 》

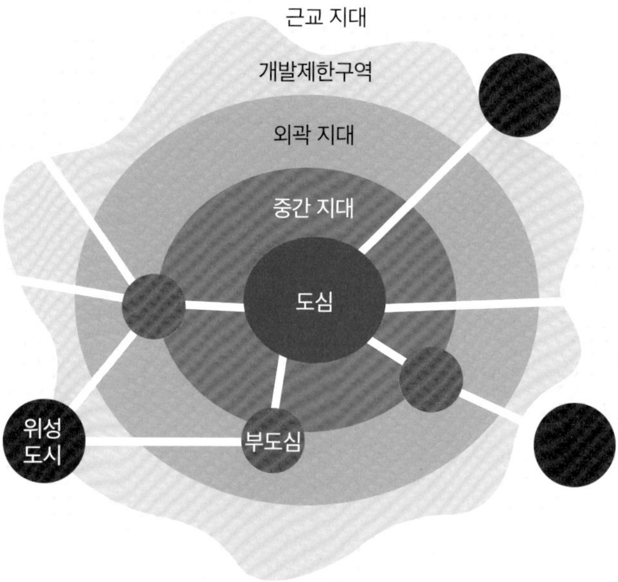

출처: 네이버 지식백과: 두산백과, https://terms.naver.com/entry.naver?docId=1057707&cid=40942&categoryId=32337

○ 출 전 「개발제한구역의 지정 및 관리에 관한 특별조치법」(법률 제18337호, 2021. 7. 27.).

「국토의 계획 및 이용에 관한 법률」(법률 제18473호, 2021. 10. 8.).

네이버 지식백과: 두산백과, https://terms.naver.com/list.naver?cid=40942&categoryId=32337

서울특별시 알기 쉬운 도시계획 용어, https://urban.seoul.go.kr/view/mainPop/term.pop?type=add

안정근(2014),『현대부동산학[제5판]』, 양현사.

장희순·김성진(2020),『부동산용어사전』, 부연사.

토지이음: 토지이용 용어사전, http://www.eum.go.kr/web/in/dc/dcDictList.jsp

○ 집필자 박상훈

개인소유권

個人所有權 북

북한에서, 국가의 구성원이 법이 정한 범위 내에서 개인적 수요를 위하여 자기 의사에 따라 재산을 점유, 이용, 처분할 수 있는 권리. 북한의 『거울사전 2.0』(2017)에서는 "공민들이 법이 정한 범위내에서 개인적수요를 위하여 자기 의사에 따라 재산을 점유, 리용, 처분할수 있는 권리. 개인소유권은 개인소유의 법적표현이다."라고 설명되어 있다.

더 알아보기

북한의 『거울사전 2.0』(2017)에 따르면, 북한에서의 개인소유는 '근로자들의 소비를 위한 소유'로서 개인적, 소비적 성격을 띠고 있다. 개인소유권의 대상은 사회 생산물 가운데서 근로자들의 개인적 소비를 위하여 분배되는 소비품이다. 북한에서 소비와 연관성이 없는 생산수단은 개인소유권의 대상으로 될 수 없다. 개인소유권의 구체적인 대상으로는 살림집, 각종 가정용품과 문화용품, 승용차 같은 것들을 들 수 있다.

용 례 현재 북한의 소유권은 크게 세 가지로 구분됩니다. 국가 소유권과 협동단체 소유권, {개인소유권입니다.} 국가 소유권은 그야말로 국가가 소유권을 갖는 것이고, 협동단체 소유권은 협동단체, 즉 노동자들의 집단적 소유를 말합니다. {개인소유권은} 사적 소유를 말하는 것이나 개인 소비품에 국한됩니다.《SBS뉴스, 2021년 9월 29일》

집필자 이시우

건부지

建敷地/建附地, Building Site

건축물이 세워져 있는 토지. 건축물의 소유자와 토지의 소유자가 같고, 그 토지의 사용과 수익을 제한하는 다른 권리가 없는 토지를 말한다. 토지 위에 건축물이 세워지면 주택, 상가, 공장 등 토지의 용도가 확정되므로, 다양한 용도로 이용할 수 있는 나지에 비해 건부지의 가치는 낮게 평가된다.

북한에서는 '건부지'라는 용어를 사용하지 않는다. 다만, 『거울사전 2.0』(2017)에서 '부지'를 "건물, 구조물, 기술시설물들의 터와 그것의 경영상 필요로 하여 령역계선이 그어지는 땅. 건설부지라고 하는 경우가 많다. 건설부지는 그 안에 건설되는 대상이 다양하고 상대적으로 규모가 크다는 점에서 건설대지와 서로 구별된다."고 설명하고 있다.

더 알아보기

토지 위에 세워져 있는 건축물로 인해 그 토지를 지금보다 더 나은 방법으로 이용하는 데에 제약이 따를 경우, 그 제약만큼의 가치를 토지 가격에서 감액하는 것을 '건부감가建附減價'라고 한다. 건물이 견고하고 건물의 면적이 클수록 건부감가 정도는 크다. 이와 반대로, 토지 위에 존재하는 건물로 인해 토지 가격이 높게 평가되는 경우를 '건부증가建附增價'라고 한다. 개발제한구역 안에 건물이 들어서 있는 토지가 그 예이다. 개발제한구역에서는 건축 및 용도 변경 등을 엄격하게 제한하고 있으나, 개발제한구역 지정 당시부터 있던 기존의 건물은 존치가 인정되므로, 나지일 때보다 토지의 이용 가치가 높아진다.

- **용 례** {건부지를} 처분하다. / ○○○ 교수(부동산학과)는 "매매형이나 임대형 빈집은 시장의 변화에 맡기면 되지만 기타 사유의 빈집이 문제다. 이런 빈집은 담벼락이 쓰러지거나 지붕이 무너져도 아무도 관리하지 않는다. 사유 재산이라 철거가 어려운데다, 건물이 있는 {건부지가} 나대지보다 재산세가 덜 나오는 구조라 집주인들은 형체만 있어도 건물을 그대로 두려 해 문제가 더 악화되고 있다"고 했다.《한겨레, 2017년 2월 11일》
- **관련어** 택지, 부지, 나지, 건부감가(建附減價), 건부증가(建附增價).
- **출 전** 국가국어사정위원회·통계정보기술교류사(2017), 『거울사전 2.0』.
  상식연구소(2021), 『부동산용어사전 1252』, 서원각.
  장희순·김성진(2020), 『부동산용어사전』, 부연사.
- **집필자** 박상훈

건축물 용도 분류

建築物用途分類

건축물의 용도에 따른 분류. 건축물을 유사한 구조, 이용 목적 및 형태별로 묶어 분류한 것을 가리킨다. 「건축법」에서는 건축물의 용도를 '단독주택', '공동주택', '제1종 근린생활시설', '제2종 근린생활시설', '운수시설', '의료시설', '업무시설', '공장' 등 29개로 분류하고 있다.

남한과 법 체제가 다른 북한에서는 이 용어가 쓰이지 않는다.

더 알아보기

남한에서 모든 건축물은 그 구조와 이용 목적, 형태 등에 따라 용도별로 분류되며, 각 용도에 따른 건축 기준의 적용을 받는다. 이렇게 함으로써 구조적으로 안전하고 쾌적한 건축물을 건축할 수 있으며, 용도에 적합하게 건축물을 사용하고 관리할 수 있다.

사용 승인을 받은 건축물의 용도를 다른 용도로 변경하기 위해서는 변경하려는 용도의 건축 기준에 적합하여야 한다. 또한 현재 용도가 속하는 시설군보다 상위군의 용도로 변경하는 경우에는 관할 기관의 '허가'를 받아야 한다. 반대로 하위군의 용도로 변경하는 경우에는 관할 기관에 '신고'를 해야 한다. 같은 시설군 안에서 용도를 변경하는 경우에는 건축물대장 기재 내용의 변경을 신청하면 된다.

「건축법」에 규정된 9개의 시설군과 용도별 건축물의 종류는 다음과 같다. 좀 더 상세한 용도별 건축물의 종류는 「건축법 시행령」 [별표 1]에 제시되어 있다.

시설군(9개)	건축물의 용도(29개)
1. 자동차 관련 시설군	자동차 관련 시설
2. 산업 등 시설군	운수시설, 창고시설, 공장, 위험물저장 및 처리시설, 자원순환 관련 시설, 묘지 관련 시설, 장례시설
3. 전기통신시설군	방송통신시설, 발전시설
4. 문화집회시설군	문화 및 집회시설, 종교시설, 위락시설, 관광휴게시설
5. 영업시설군	판매시설, 운동시설, 숙박시설, 제2종 근린생활시설 중 다중생활시설
6. 교육 및 복지시설군	의료시설, 교육연구시설, 노유자시설(老幼者施設), 수련시설, 야영장 시설
7. 근린생활시설군	제1종 근린생활시설, 제2종 근린생활시설(다중생활시설은 제외)
8. 주거업무시설군	단독주택, 공동주택, 업무시설, 교정 및 군사시설
9. 그 밖의 시설군	동물 및 식물 관련 시설

출처: 건축법 시행령(대통령령 제32241호, 2021. 12. 21.).

출 전 「건축법 시행령」(대통령령 제32344호, 2022. 1. 18.).
「건축법」(법률 제18825호, 2022. 2. 3.).
서울특별시 알기 쉬운 도시계획 용어, https://urban.seoul.go.kr/view/mainPop/term.pop?type=add
토지이음: 토지이용 용어사전, http://www.eum.go.kr/web/in/dc/dcDictList.jsp

집필자 박상훈

건축물대장

建築物臺帳, Building Ledger

건물의 위치·층수·구조·면적 등과 건물 소유자의 성명·주소·지분 등을 적은 공용 문서. 건축물의 종류에 따라 '일반건축물대장'과 '집합건축물대장'으로 구분한다.

남한과 사회 체제가 다른 북한에서는 이 용어가 쓰이지 않는다.

더 알아보기

「건축법」 규정에 따라 시장·군수·구청장은 건축물의 소유·이용 및 유지·관리 상태를 확인하거나 건축 정책의 기초 자료로 활용하기 위하여 건축물대장을 보관·관리 할 의무가 있다.

건축물대장은 건축물의 종류에 따라 '일반건축물대장'과 '집합건축물대장'으로 나뉜다. 일반건축물은 건물의 소유주가 1명인 경우를 말하며, 집합건축물은 아파트, 연립주택, 다세대주택 등 소유주가 여러 명인 경우를 말한다.

건축물대장은 건축물 1동을 단위로 하여 각 건축물마다 작성하고, 부속건축물이 있는 경우에는 주된 건축물대장에 포함하여 작성한다. 집합건축물대장은 표제부와 전유부專有部로 나누어 작성하고, 하나의 대지에 둘 이상의 건축물(부속건축물은 제외)이 있는 경우에는 총괄표제부를 작성한다. 건축물이 다가구주택인 경우에는 다가구주택의 호(가구)별 면적대장을 작성한다. 또한, 건축물대장에는 건축물현황도가 포함된다.

건축물대장을 열람하거나 발급받으려면 정부24 홈페이지www.gov.co.kr를 이용하거나 주민센터를 직접 방문하여 신청하면 된다. 방문 신청할 경우 발급 1건당 500원(열람의 경우 300원)의 수수료가 부과되지만, 정부24 홈페이지를 통한 열람 및 발급 수수료는 무료이다.

《 일반건축물대장 서식 》

■ 건축물대장의 기재 및 관리 등에 관한 규칙 [별지 제1호서식] <개정 2018. 12. 4.> (3쪽 중 제1쪽)

일반건축물대장(갑)

고유번호			명칭	호수/가구수/세대수
대지위치		지번	도로명주소	
※대지면적 ㎡	연면적 ㎡	※지역	※지구	※구역
건축면적 ㎡	용적률 산정용 연면적 ㎡	주구조	주용도	층수 지하: 층, 지상: 층
※건폐율 %	※용적률 %	높이 m	지붕	부속건축물 동 ㎡
※조경면적 ㎡	※공개 공지·공간 면적 ㎡	※건축선 후퇴면적 ㎡	※건축선 후퇴거리 m	

건축물 현황					소유자 현황			
구분	층별	구조	용도	면적(㎡)	성명(명칭) 주민(법인)등록번호 (부동산등기용등록번호)	주소	소유권 지분	변동일 변동원인

이 등(초)본은 건축물대장의 원본내용과 틀림없음을 증명합니다.

발급일: 년 월 일

담당자:
전 화:

특별자치시장 · 특별자치도지사 또는 시장 · 군수 · 구청장 인

※ 표시 항목은 총괄표제부가 있는 경우에는 적지 않을 수 있습니다.

297㎜×210㎜[백상지 80g/㎡]

출처: 건축물대장의 기재 및 관리 등에 관한 규칙(국토교통부령 제882호, 2021. 8. 27.).

- **용 례** 정부가 {건축물대장}, 건축 관련 법령 및 통계 등 우후죽순 분산된 건축물 정보를 통합한 '건축통합포털(건축허브)'을 구축해 내년 2월부터 선보인다.《파이낸셜뉴스, 2021년 12월 7일》 / 불법 건축물로 인한 피해를 예방하기 위해서는 건축물 매매·임대 전 반드시 {건축물대장을} 확인해야 합니다.《뉴시스, 2021년 11월 6일》
- **관련어** 일반건축물대장, 집합건축물대장, 토지대장.
- **출 전** 「건축물대장의 기재 및 관리 등에 관한 규칙」(국토교통부령 제882호, 2021. 8. 27.).

「건축법」(법률 제18825호, 2022. 2. 3.).

토지이음: 토지이용 용어사전, http://www.eum.go.kr/web/in/dc/dcDictList.jsp

집필자 박상훈

건폐율

建蔽率, Building Coverage

대지 면적에서 건물의 바닥 면적이 차지하는 비율. 대지에 건물이 둘 이상 있는 경우에는 모든 바닥 면적을 더하여 계산한다. 건폐율이 높을수록 건물을 더 넓게 지을 수 있다. 건축 밀도를 나타내는 지표의 하나로, 용적률과 더불어 해당 지역의 개발 밀도를 가늠하는 척도로 활용된다.

남한과 법 체제가 다른 북한에서는 이 용어가 쓰이지 않는다.

더 알아보기

건폐율을 설정한 이유는 건물이 들어설 대지에 최소한의 공터를 확보하여 건물의 과밀을 막고 쾌적한 생활 환경을 만들기 위해서이다. 또한 화재나 기타 재해가 발생했을 때 소화, 피난 등에 필요한 공간을 확보하기 위한 목적도 있다.

「국토의 계획 및 이용에 관한 법률」에 규정된 용도지역의 건폐율 한도는 다음과 같다.

《 용도지역별 건폐율 》

구분		건폐율
도시지역	주거지역	70% 이하
	상업지역	90% 이하
	공업지역	70% 이하
	녹지지역	20% 이하
관리지역	보전관리지역	20% 이하
	생산관리지역	20% 이하
	계획관리지역	40% 이하
농림지역		20% 이하
자연환경보전지역		20% 이하

출처: 「국토의 계획 및 이용에 관한 법률」(법률 제18473호, 2021. 10. 8.).

구체적인 개별 토지의 건폐율은 법률에 규정된 범위 안에서 그 토지가 속하는 해당 지방자치단체의 조례로 정한다.

용 례 {건폐율을} 완화하다. / 용인시가 자연녹지지역 내 주유소나 LPG충전소에서 추가로 수소충전소를 설치하는 경우에 {건폐율을} 30%까지 완화하는 내용을 담은 '용인시 도시계획 조례 개정안'을 공포했다고 밝혔다.《일요신문, 2021년 11월 8일》 / 서울시의회는 지난 10일 '서울특별시 도시계획 조례 일부개정조례안'을 의결했다. 자연경관지구에서도 {건폐율} 50%의 건축이 가능토록 하는 내용이다.《헤럴드경제, 2021년 9월 11일》

관련어 용적률, 대지면적, 건축면적.

출 전 「국토의 계획 및 이용에 관한 법률」(법률 제18473호, 2021. 10. 8.).
온라인 건축용어사전(대한건축학회), http://dict.aik.or.kr

집필자 박상훈

계약갱신청구권

契約更新請求權

전·월세 임대차 계약 기간이 끝나는 시점에, 임차인이 원할 경우 1회에 한해 2년의 계약 갱신을 청구할 수 있는 권리. 임차인이 임대차 기간이 끝나기 6개월 전부터 1개월 전까지 계약 갱신을 요구하는 경우, 임대인은 정당한 사유 없이 이를 거절하지 못한다. '계약갱신요구권'이라고도 한다.

남한과 사회 체제가 다른 북한에서는 이 용어가 쓰이지 않는다.

더 알아보기

계약갱신청구권은 이른바 '임대차 3법' 중 하나이다. '임대차 3법'은 '계약갱신청구권제', '전월세상한제', '전월세신고제'를 말하는데, 계약갱신청구권과 전월세상한제는 「주택임대차보호법」에 규정되어 있고, 전월세신고제는 「부동산 거래신고 등에 관한 법률」에 규정되어 있다. 이 가운데 계약갱신청구권제와 전월세상한제를 담은 「주택임대차보호법」 개정안은 2020년 7월 30일에 국회를 통과하여 7월 31일부터 시행되었다.

계약갱신청구권은 임차인이 희망하는 경우 1회에 한하여 계약의 갱신을 청구할 수 있는 권리로, 갱신되는 임대차의 존속 기간은 2년으로 본다. 임대인은 정당한 사유 없이 임차인의 갱신 요구를 거절할 수 없다. 다만, 다음의 어느 하나에 해당하는 경우에는 임대인이 임차인의 계약 갱신 요구를 거절할 수 있다.

■ 임차인이 2기의 차임액에 해당하는 금액에 이르도록 차임을 연체한 사실이 있는 경우

■ 임차인이 거짓이나 그 밖의 부정한 방법으로 임차한 경우

■ 서로 합의하여 임대인이 임차인에게 상당한 보상을 제공한 경우

■ 임차인이 임대인의 동의 없이 목적 주택의 전부 또는 일부를 전대轉貸한 경우

■ 임차인이 임차한 주택의 전부 또는 일부를 고의나 중대한 과실로 파손한 경우

■ 임차한 주택의 전부 또는 일부가 멸실되어 임대차의 목적을 달성하지 못할 경우

■ 임대인이 다음의 어느 하나에 해당하는 사유로 목적 주택의 전부 또는 대부분을 철거하거나 재건축하기 위하여 목적 주택의 점유를 회복할 필요가 있는 경우

  • 임대차계약 체결 당시 공사시기 및 소요기간 등을 포함한 철거 또는 재건축 계획을 임차인에게 구체적으로 고지하고 그 계획에 따르는 경우
  • 건물이 노후·훼손 또는 일부 멸실되는 등 안전사고의 우려가 있는 경우
  • 다른 법령에 따라 철거 또는 재건축이 이루어지는 경우

■ 임대인(임대인의 직계존속·직계비속을 포함한다)이 목적 주택에 실제 거주하려는 경우

■ 그 밖에 임차인이 임차인으로서의 의무를 현저히 위반하거나 임대차를 계속하기 어려운 중대한 사유가 있는 경우

임대인이 본인 또는 직계 존비속의 직접 거주를 이유로 계약 갱신을 거절하였으나, 임차인이 요구한 갱신 기간 동안 정당한 사유 없이 제3자에게 주택을 임대한 경우, 임대인은 갱신 거절로 인하여 임차인이 입은 손해를 배상하여야 한다.

- **용 례** {계약갱신청구권을} 행사하다. / 세입자 보호를 명목으로 도입한 임대차 3법이 되려 계약 만료를 앞둔 세입자를 불안하게 하는 모습이다. 만일 집주인이 직접 들어와 살겠다고 하면 세입자는 {계약갱신청구권을} 행사하지 못하고 집을 비워줘야 한다.《중앙일보, 2021년 12월 9일》 / 내년 전국 전셋값은 올해 6.8%와 비슷한 수준인 6.5% 오를 것으로 내다봤다. 내년 8월 이후 지난해 {계약갱신청구권을} 신청한 전세 물량이 시장에 풀릴 것으로 예상되기 때문이다.《한국경제, 2021년 11월 4일》
- **동의어** 계약갱신요구권.
- **관련어** 전월세상한제, 전월세신고제, 임대차 3법.
- **출 전** 「주택임대차보호법」(법률 제17363호, 2020. 6. 9.).
  네이버 지식백과: 시사상식사전(박문각), https://terms.naver.com/list.naver?cid=43667&categoryId=43667
  네이버 지식백과: 한경 경제용어사전, https://terms.naver.com/list.naver?cid=42107&categoryId=42107
  법무부·국토교통부(2020.8.), 「2020년 7월 31일 개정 '주택임대차보호법' 해설집」.
  찾기 쉬운 생활법령정보(법제처), https://easylaw.go.kr
- **집필자** 박상훈

계약금

契約金, Draufgabe

계약의 이행을 보장받을 목적으로 계약 당사자 가운데 한쪽이 상대편에게 지급하는 돈. 내입금內入金·선금·착수금·보증금·약정금·위약금 등의 용어가 사용되고 있으나, 계약금이라는 용어가 가장 많이 쓰인다.

북한의 『거울사전 2.0』(2017)에서는 '계약금'을 "계약의 한 당사자가 계약준수의 담보를 주기 위하여 상대방 당사자에게 지불할 금액중에서 미리 주는 돈. 채무보장수단의 하나로서 계약을 맺을 때 지불한다. 계약금을 주고받는 계약에서 계약을 리행하지 못한 책임이 계약금지불자에게 있다면 그는 계약금을 잃게 되며 그 책임이 계약금을 받은 자에게 있다면 그는 계약금의 2배액을 돌려주어야 한다. 이로 하여 계약금은 계약의 리행을 추동하고 담보하는 작용을 하게 된다. 계약금은 또한 계약의 체결을 증명하는 역할도 한다."라고 설명하고 있다.

더 알아보기

남한에서의 계약금은 당사자의 의사에 따라 여러 가지 목적으로 지급할 수 있다. 계약금은 일반적으로 그 작용에 따라 다음 3가지로 나누어진다.

첫째, 계약체결의 증거로서의 의미를 가지는 증약금證約金인 경우가 있다.

둘째, 계약의 해제권解除權을 유보하는 작용을 가지는 해약금인 경우가 있다. 이 계약금을 지급한 사람은 그것을 포기함으로써, 그리고 이러한 계약금을 받은 사람은 그 배액을 상환함으로써 계약을 해제할 수 있다. 우리나라 민법은 원칙적으로 계약금은 이 해약금의 성질을 가지는 것으로 규정하고 있다. 즉, "매매의 당사자 일방이 계약 당시에 금전, 기타 물건을 계약금·보증금 등의 명목으로 상대방에게 교부한 때에는 당사자 간에 다른 약정이 없는 한, 당사자의 일방이 이행에 착수할 때까지 교부자는 이를 포기하고, 수령자는 그 배액을 상환하여 매매계약을 해제할 수 있다"고 규정하고, 계약해제로 인한 손해배상의 규정은 이 경우에 적용하지 않는다.

셋째, 계약금을 지급한 사람이 계약상의 채무를 이행하지 않으면, 그 계약금을 받은 사람이 계약을 어긴 벌로서 몰수하는 위약금인 경우가 있다. 이때에는 채무불이행으로 인한 손해배상은 위약금과는 관계없이 따로 청구할 수 있다.

남한에서는 대체로 해약금과 위약금의 성질을 가지는 '계약금'이 실제 거래에서 지급되는 것이 대부분이다.

용 례 {계약금을} 걸다. / {계약금을} 포기하다. / 계약 포기자들 다수가 청약 부적격자지만, 일부는 신용대출 문제로 {계약금} 마련이 어려워 계약을 포기했다고 해당 사업장 분양 관계자는 설명했다.《매일경제, 2022년 1월 5일》 / 분양아파트는 {계약금,} 중도금, 잔금 순으로 납부과정이 나뉘어, 구축 아파트를 살 때보다 자금 마련이 수월한 것이 매력이다.《아주경제, 2022년 1월 11일》

동의어 계약 보증금.

관련어 중도금, 잔금.

출 전 「민법」(법률 제17905호, 2021. 1. 26.).
국가국어사정위원회·통계정보기술교류사(2017), 『거울사전 2.0』.
네이버 지식백과: 두산백과, https://terms.naver.com/entry.naver?docId=1060936&cid=40942&categoryId=31819
미래와경영연구소(2018), 『부동산용어』, 미래와경영.
상식연구소(2021), 『부동산용어사전 1252』, 서원각.

집필자 이시우

계약해제

契約解除, Cancellation of a Contract

현재 효력을 지닌 계약을 소멸시키는 것. 상대편에 대한 의사 표시로 행하며, 이 의사 표시는 철회하지 못한다. 계약해제 당사자는 상대방을 계약이 없었던 것과 같은 상태로 되돌려놓아야 할 의무를 부담한다.

북한은 남한과 법 제도가 다르므로, '계약해제'의 세부적인 뜻에서 남한과 차이가 있다. 북한의 『거울사전 2.0』(2017)에서는 '계약해제'를 "계약체결후에 발생한 해제사유에 따라 이미 성립된 계약관계를 소멸시키는 행위"라는 원론적인 정의를 제시하고 있다.

더 알아보기

해제에는 '약정해제'와 '법정해제'가 있다. 약정해제는 당사자가 계약을 하면서 일방 또는 쌍방이 이를 해제할 수 있는 것으로 약정한 경우를 말한다. 법정해제는 법률에 규정된 해제를 말하는데, 「민법」에서는 계약 일반에 적용되는 이행지체(「민법」 제544조 및 제545조)와 이행불능(「민법」 제546조)을 규정하고 있다. 약정해제는 당사자가 약정한 대로 해제의 요건과 효과가 발생하므로, 일반적으로 계약의 해제라고 할 때에는 법정해제를 의미한다.

「민법」에 규정된 해제 사유인 '이행지체'란 당사자 일방이 계약상의 채무를 이행하지 않는 것을 말한다. 이 경우 상대방은 상당한 기간을 정하여 그 이행을 통지하고 그 기간 내에도 이행하지 않을 때에는 계약을 해제할 수 있다. 채무자의 고의 또는 과실로 이행이 불가능하게 된 때에도 채권자는 계약을 해제할 수 있다.

계약이 해제되면 그 계약은 소급하여 소멸한다. 즉, 원래 계약이 없었던 상태로 돌아감을 의미한다. 계속적인 계약을 장래를 향하여 소멸시키는 '해지'와 다르다. 당사자 일방이 계약을 해제한 때에는 당사자는 그 상대방에 대하여 원상회복의 의무가 있다. 또한 계약을 해제하여 손해가 있을 때에는 손해배상을 청구할 수 있다.

용 례 한국소비자원은 아파트 옵션 관련 소비자 피해 예방을 위해 계약 시 상품의 가격·사양을 구체적으로 계약서에 기재하고, {계약해제} 가능 여부, 위약금 규모 및 옵션 품목에 대한 하자 보수 책임 주체 등 계약 내용을 꼼꼼히 살펴야 한다고 당부했다.《뉴시스, 2021년 12월 16일》 / 공정위 조사에 따르면 일부 선불식 할부거래업자가 소비자 {계약해제에} 따른 해약환급금 지급 시 어떤 경우에는 소비자에게 고시에서 정한 기준보다 유리하게, 또 어떤 경우는 불리하게 지급한 것으로 나타났다.《신아일보, 2021년 9월 14일》

관련어 법정해제, 약정해제, 해지.

출 전 「민법」(법률 제17905호, 2021. 1. 26.).
국가국어사정위원회·통계정보기술교류사(2017), 『거울사전 2.0』.
네이버 지식백과: 법률용어사전(법문북스), https://terms.naver.com/list.naver?cid=42131&categoryId=42131
찾기 쉬운 생활법령정보(법제처), https://easylaw.go.kr

집필자 박상훈

고층주택

高層住宅 북

북한에서, 6층 이상의 살림집을 이르는 말. '고층살림집'이라고도 한다.

남한의 『우리말샘』(2022)에서는 "층수가 많은 주택. 일반적으로 승강기가 필요한 공동 주택을 의미한다."고 정의되어 있다.

더 알아보기

북한 『거울사전 2.0』(2017)에는 '고층살림집'에 대해 "층수가 높으므로 수직련락의 편리성과 안정성을 비롯한 비상시 빠짐조건과 난방, 급배수의 해결 등 여러가지 문제들이 중요하게 제기된다. 이에 따라 승강기, 비상계단 및 비상승강기, 기술설비층 등 여러가지 현대적 설비와 시설들이 보충되게 된다. … 고층살림집은 주로 도시에서 땅을 절약하고 도시형성에서 다양성과 웅장성을 보장하기 위하여 짓는다. 우리 나라에서는 전후 1950년대와 1960년대에 평양시와 각도 소재지들에서 6~10층 살림집들이 큰 비중을 차지하고 건설되였으며 1970년대와 1980년대에 거쳐 오늘에 이르기까지 20, 25, 30, 40층 및 그 이상의 살림집들이 많이 건설되였다."고 설명되어 있다.

- **용 례** {고층주택이} 들어서다. / {고층수택을} 짓다.
- **집필자** 이시우

공동주택

共同住宅, Multi-family Housing

둘 이상의 가구가 하나의 건축물 안에서 각각 독립적으로 생활할 수 있게 지은 주택. 건물의 벽·복도·계단이나 그 밖의 설비는 공동으로 사용하면서, 각 가구가 따로 거주할 수 있도록 지은 주택을 말한다. 아파트, 연립주택, 다세대주택, 기숙사 등이 이에 속한다.

북한의 『거울사전 2.0』(2017)에는 '공동주택'을 "여러 세대가 한 집채에서 각각 자립적인 생활을 할수 있도록 지은 집."으로 풀이하고 있다.

더 알아보기

남한에서 '주택'이란 세대의 구성원이 장기간 독립된 주거생활을 할 수 있는 구조로 된 건축물의 전부 또는 일부 및 그 부속토지를 말하며, '단독주택'과 '공동주택'으로 구분한다. 공동주택은 아파트처럼 각 세대별로 소유권 등기가 가능하다는 점에서, 단독 등기만 가능한 단독주택과 다르다.

「건축법」에 규정된 공동주택의 범위에는 공동주택의 형태를 갖춘 가정어린이집, 공동생활가정, 지역아동센터, 공동육아나눔터, 작은도서관, 노인복지시설 및 원룸형 주택이 포함된다. 공동주택의 층수를 산정할 때에는 지하층을 주택의 층수에서 제외한다. 「건축법」상 공동주택의 종류에는 아파트, 연립주택, 다세대주택, 기숙사 등이 있으며, 각각의 요건은 다음과 같다.

구분	요건
아파트	주택으로 쓰는 층수가 5개 층 이상인 주택
연립주택	주택으로 쓰는 1개 동의 바닥면적 합계가 660m^2를 초과하고, 층수가 4개 층 이하인 주택
다세대주택	주택으로 쓰는 1개 동의 바닥면적 합계가 660m^2 이하이고, 층수가 4개 층 이하인 주택
기숙사	학교 또는 공장 등의 학생 또는 종업원 등을 위하여 쓰는 것으로서 1개 동의 공동취사시설 이용 세대 수가 전체의 50% 이상인 것

출처: 「건축법 시행령」 [별표 1] 용도별 건축물의 종류

출처: 서울특별시 알기 쉬운 도시계획 용어, https://urban.seoul.go.kr/view/mainPop/term.pop?type=add

○ 용 례 {공동주택에} 거주하다. / {공동주택을} 사다. / 공사 중단 등으로 장기 방치된 건축물을 아파트 등 {공동주택으로} 정비하는 경우 기존 건축물을 철거하지 않고 활용할 수 있게 된다.《한겨레, 2021년 12월 15일》 / 서울시가 서울 전역에 신축되는 150가구 이상 신축 {공동주택(주상복합 포함)의} 입주 전 무료 하자 점검을 해주는 '{공동주택} 품질점검단'을 통해 올 연말까지 신축 단지 총 21개, 1만 5782가구에 대한 점검을 실시한다고 밝혔다.《파이낸셜뉴스, 2021년 11월 30일》

○ 관련어 단독주택.

○ 출 전 「건축법 시행령」(대통령령 제32344호, 2022. 1. 18.).

「주택법」(법률 제16870호, 2020. 1. 23.).

국가국어사정위원회·통계정보기술교류사(2017), 『거울사전 2.0』.

서울특별시 알기 쉬운 도시계획 용어, https://urban.seoul.go.kr/view/mainPop/term.pop?type=add

집필자 박상훈

공시지가

公示地價, Officially Assessed Land Price

국토교통부에서 조사·평가하여 공시한 표준지의 단위 면적(m^2)당 가격. '표준지공시지가'라고도 한다. 토지 거래의 지표가 되며 국가·지방자치단체 등이 지가를 산정하거나 감정평가법인 등이 개별적으로 토지를 감정평가하는 경우에 그 기준이 된다. 또한 양도세·상속세 따위의 각종 토지 관련 세금의 과세 기준이 되며, 1989년 7월부터 시행되고 있다. 「부동산 가격공시에 관한 법률」에 규정되어 있다.

남한과 사회 체제가 다른 북한에서는 이 용어가 쓰이지 않는다.

더 알아보기

공시지가는 부동산의 적정한 가격 형성과 각종 조세·부담금 등의 형평성을 도모하기 위해 1989년에 도입되었다. 국토교통부장관은 토지 이용 상황이나 주변 환경, 그 밖의 자연적·사회적 조건이 일반적으로 유사하다고 인정되는 토지 중에서 선정한 표준지에 대하여 매년 1월 1일을 기준으로 단위 면적당 적정가격을 조사·평가하고, 중앙부동산가격공시위원회의 심의를 거쳐 '표준지공시지가'를 공시한다. 시장·군수 또는 구청장은 이를 기준으로 삼아 관할 구역의 '개별공시지가'를 결정하여 공시한다.

한편, 2005년에는 주택에 대해서도 건물과 토지를 함께 평가하여 적정가격을 공시하는 주택가격공시제도가 도입되었다. 국토교통부장관은 용도지역, 건물구조 등이 일반적으로 유사하다고 인정되는 단독주택 중에서 선정한

표준주택의 적정가격인 '표준주택가격'을 산정하여 공시한다. 또한 공동주택에 대해서도 '공동주택가격'을 산정하여 공시한다. 시장·군수 또는 구청장은 '표준주택가격'을 기준으로 삼아 '개별주택가격'을 결정하여 공시한다. 공시가격은 지방세인 취득세, 등록세, 재산세의 과세 표준 및 국세인 종합부동산세와 양도소득세의 기준시가로 활용된다.

공시지가와 공동주택 및 개별단독주택 공시가격은 '부동산 공시가격 알리미 사이트www.realtyprice.kr'를 방문하면 열람할 수 있다.

◎ 용 례 {공시지가가} 오르다. / 국토부는 이런 어려움을 덜어주기 위해 도시자연공원구역 중 지목이 대지인 토지는 {공시지가에} 상관 없이 매수 청구권을 행사할 수 있도록 규정을 바꿨다.《이데일리, 2021년 12월 14일》 / 올해 상반기 외국인이 보유한 국내 토지 규모는 여의도의 약 88배로, {공시지가는} 31조 원이 넘는 것으로 나타났다.《경향신문, 2021년 11월 26일》

◎ 동의어 표준지공시지가.

◎ 관련어 개별공시지가, 주택가격공시제도.

◎ 출 전 「부동산 가격공시에 관한 법률」(법률 제17459호, 2020. 6. 9.).
부동산 공시가격알리미(국토교통부), http://www.realtyprice.kr

◎ 집필자 박상훈

공업지역

工業地域, Industrial Zone

공업의 생산성과 능률성을 높이고 공업 활동을 편리하게 할 수 있도록 지정해 놓은 지역. 「국토의 계획 및 이용에 관한 법률」에 따라 도시·군관리 계획으로 지정한 용도지역 중 도시지역의 하나이다. 중화학공업, 공해성 공업, 경공업 등의 공장 시설들이 적절히 배치되며, 전용공업지역, 일반공업지역, 준공업지역으로 나뉜다.

북한에서도 '공업지역'이라는 용어가 쓰이는데, 그 세부 뜻에서는 남한과 차이가 있다. 북한의 『거울사전 2.0』(2017)에서는 '공업지역'을 "도시령역에서 배치된 공장, 기업소들이 차지하는 지역. 여기에는 기본 및 보조 생산기업소, 열 및 상하수도망, 문화 및 봉사 시설, 공장입구광장, 록지 등이 속한다."라고 풀이하고 있다.

더 알아보기

남한에서 '도시지역'은 인구와 산업이 밀집되어 있거나 밀집이 예상되어 체계적인 개발·정비·관리·보전 등이 필요한 지역을 가리킨다. 도시지역은 크게 '주거지역', '상업지역', '공업지역', '녹지지역'으로 구분된다. 공업지역은 다시 '전용공업지역', '일반공업지역', '준공업지역'으로 세분된다. 세분된 지역에 따라 들어설 수 있는 공업과 공장 시설이 다르며, 지자체별로 건폐율 및 용적률이 달리 적용된다.

《 공업지역의 구분 및 특징 》

구분		특징	건폐율	용적률
공업 지역	전용공업지역	중화학공업, 공해성 공업 등을 수용	70% 이하	150% 이상 300% 이하
	일반공업지역	환경을 저해하지 않는 공업을 배치	70% 이하	200% 이상 350% 이하
	준공업지역	경공업이나 그 밖의 공업을 수용 주거·상업·업무기능의 보완	70% 이하	200% 이상 400% 이하

출처: 토지이음: 토지이용 용어사전, http://www.eum.go.kr/web/in/dc/dcDictList.jsp

출처: 서울특별시 알기 쉬운 도시계획 용어,
https://urban.seoul.go.kr/view/mainPop/term.pop?type=add

○ 용 례 {공업지역으로} 지정하다. / {공업지역을} 활성화하다. / 경기도가 … 균형 발전을 추진하기 위해 내년 상반기 양주와 동두천시 등 2개 지역에 산업단지 외 {공업지역을} 배정할 예정이다.《뉴시스, 2021년 12월 20일》

○ 관련어 도시지역, 주거지역, 상업지역, 녹지지역.

○ 출 전 「국토의 계획 및 이용에 관한 법률 시행령」(대통령령 제31961호, 2021. 8. 31.).
「국토의 계획 및 이용에 관한 법률」(법률 제18473호, 2021. 10. 8.).
국가국어사정위원회·통계정보기술교류사(2017), 『거울사전 2.0』.
서울특별시 알기 쉬운 도시계획 용어, https://urban.seoul.go.kr/view/mainPop/term.pop?type=add
장희순·김성진(2020), 『부동산용어사전』, 부연사.

○ 집필자 박상훈

공용면적

共用面積, Area of Common Use Space

아파트나 오피스텔 등 여러 사람이 함께 사용하는 건물에서 공동으로 이용하는 부분의 바닥 면적. 계단, 복도, 현관 등 지상층에 있는 주거공용면적과 주거공용면적을 제외한 지하층, 관리사무소, 노인정 등의 기타 면적이 여기에 포함된다.

남한과 사회 체제가 다른 북한에서는 이 용어가 쓰이지 않는다.

더 알아보기

공용면적은 '주거공용면적'과 '기타공용면적'으로 나뉜다. 주거공용면적은 공동 현관, 계단, 복도, 엘리베이터, 비상구 등을 말하고, 기타공용면적은 주거공용면적을 제외한 지하층, 관리사무소, 노인정 등의 시설을 말한다.

일반적으로 아파트의 규모를 가리키는 공급면적은 전용면적과 주거공용면적을 합한 면적을 말한다. 따라서 공급면적에서 주거공용면적이 차지하는 부분이 클수록 실제로 거주하는 공간인 전용면적은 줄어든다. 주상복합건물이나 주거용 오피스텔의 경우에도 공용면적이 크기 때문에 계약면적에 비해 전용면적이 좁다.

용 례 청주의 한 대형 복합상가건물에 입주한 한방병원이 변경 신고 없이 건물 {공용면적을} 무단으로 사용하고 있다는 주장이 나와 시비가 일고 있다.《뉴스1, 2018년 3월 22일》 / 공정거래위원회는 아파트 {공용면적인} '전실'을 개별 세대의 공간으로 분양광고한 ○○건설에 향후 재발 방지 명령을 내렸다고 18일 밝혔다.《아시아투데이, 2014년 11월 18일》

관련어 주거공용면적, 전용면적, 분양면적, 공급면적, 계약면적, 서비스면적.

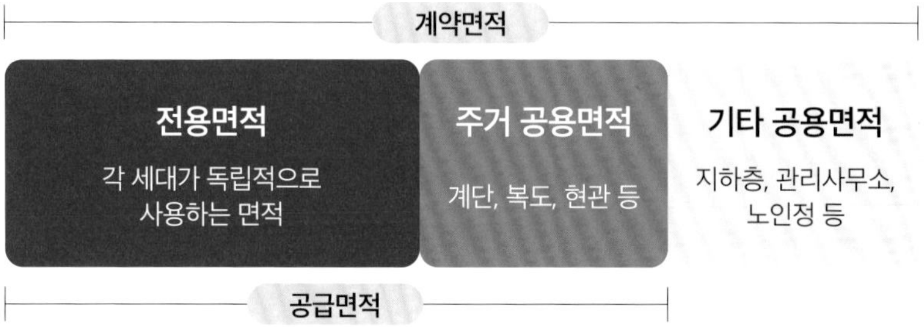

출처: 네이버 포스트: 국토교통부, https://post.naver.com/my.naver?memberNo=5113437

출 전 「주택공급에 관한 규칙」(국토교통부령 제914호, 2021. 11. 16.).
네이버 포스트: 국토교통부, https://post.naver.com/my.naver?memberNo=5113437
부동산 정보 포털 사이트 씨:리얼(한국토지주택공사), https://seereal.lh.or.kr

집필자 박상훈

관리비

管理費, Administrative Expense

시설이나 물건을 관리하는 데 드는 비용. 일반적으로 주택이나 건물을 빌렸을 경우 대상이 되는 부동산의 쓸모를 적정하게 유지하기 위해 점검하고 관리하는 데에 드는 인건비·사무용 소모품·관리보수 등의 일반관리비 등을 관리비의 전체 개념으로 하고 있다. 그러나 특히 근대적 설비를 많이 갖추고 있는 임대빌딩 등의 경우에는 이러한 일반관리비 이외에 기능적 관리비라 할 수 있는 조명·냉온방·실내 공기 상태 유지·엘리베이터 등의 설비기계를 보수하거나 유지하는 비용까지 포함하고 있다.

『거울사전 2.0』(2017)에 따르면 북한에서도 '관리하는데 드는 비용'을 '관리비'라고 하여 그 뜻풀이는 남한과 유사하다. 하지만 '국가관리비', '공업생산관리비', '행정관리비' 등에서처럼 사회 체제의 차이로 인해 그 세부적인 쓰임은 남한과 차이가 있다.

더 알아보기

남한의 공동주택의 관리비는 '공동주택관리법'에 따라 다음의 목록을 월별로 합산한 금액으로 산정한다.

관리비 비목
1. 일반관리비 2. 청소비 3. 경비비 4. 소독비 5. 승강장유지비 6. 지능형 홈네트워크 설비 유지비 7. 난방비(규제 「주택건설기준 등에 관한 규정」 37조에 따라 난방열량을 계량하는 계량기 등이 설치된 아파트의 경우에는 그 계량에 따라 산정한 난방비를 말함) 8. 급탕비 9. 수선유지비(냉·난방시설의 청소비를 포함) 10. 위탁관리수수로
★ 비목별 세부명세서는 「공동주택관리법 시행령」 별표 2에서 정하고 있습니다.

관리비는 한 달에 한 번 관리사무소장에게 납부하면 된다.

○ 용 례 아파트 {관리비} / {관리비를} 내다. / {관리비를} 정산하다. / 이 방의 가격은 보증금 300만 원에 {관리비} 포함 월세 47만 원이다.《파이낸셜뉴스, 2022년 1월 14일》 / 실수요자들이 대단지 아파트를 선호하는 이유는 아파트 규모가 클수록 상대적으로 {관리비가} 저렴하고, 대단지 아파트일수록 지역 랜드마크 아파트로 자리잡으면서 가격 상승 폭도 크기 때문이다.《한경닷컴, 2022년 1월 18일》

○ 출 전 「공동주택관리법」(법률 제17893호, 2021.01.12.).
국가국어사정위원회·통계정보기술교류사(2017), 『거울사전 2.0』.
네이버 지식백과: 매일경제용어사전, https://terms.naver.com/entry.naver?docId=12875&cid=43659&categoryId=43659
미래와경영연구소(2018), 『부동산용어』, 미래와경영.

○ 집필자 이시우

관리지역

管理地域, Controlled Area

도시지역의 인구와 산업을 수용하면서 농림업의 활동과 산림을 보호하기 위하여 국토교통부 장관이 지정해 놓은 지역. 「국토의 계획 및 이용에 관한 법률」에 따라 중앙도시계획위원회의 심의 등을 거쳐 국토교통부 장관이 용도에 따라 지정한 용도지역의 하나이다. 다른 용도지역에 준하여 체계적으로 관리가 필요한 지역으로, '보전관리지역', '생산관리지역', '계획관리지역'으로 나뉜다.

남한과 사회 체제가 다른 북한에서는 이 용어가 쓰이지 않는다.

더 알아보기

관리지역은 도시 외곽 지역의 무분별한 개발을 방지하기 위해 2003년에 기존의 '준도시지역'과 '준농림지역'을 통합하여 하나로 묶은 지역이다. 관리지역은 '토지적성평가'에 따라 '보전관리지역', '생산관리지역', '계획관리지역'으로 나뉜다. 토지적성평가는 도시기본계획 및 도시관리계획을 수립할 때 수행해야 하는 기초 조사 중 하나인데, 토지를 체계적으로 관리하고 이용하기 위해 토지의 토양, 입지, 활용 가능성 등을 평가한다. 관리지역에서는 4층 이하의 건축물을 포함하여 단독주택, 초등학교 등을 지을 수 있으며, 생산관리지역과 달리 보전관리지역과 계획관리지역에는 슈퍼마켓, 세탁소, 의료 시설 등 근린생활시설 등이 들어설 수 있다. 세분된 지역에 따라 건축할 수 있는 건축물의 종류가 다르며 지자체별로 건폐율 및 용적률이 달리 적용된다.

《 관리지역의 구분 및 특징 》

구분		특징	건폐율	용적률
관리지역	보전관리지역	자연환경 등을 위하여 보전이 필요하나 주변 용도지역과의 관계 등을 고려할 때 자연환경보전지역으로 지정하기가 곤란한 지역	20% 이하	50% 이상 80% 이하
	생산관리지역	농업·임업·어업생산 등을 위해 관리가 필요하나 주변 용도지역과의 관계 등을 고려할 때 농림지역으로 지정하기가 곤란한 지역	20% 이하	50% 이상 80% 이하
	계획관리지역	도시지역으로 편입이 예상되는 지역 또는 자연환경을 고려하여 제한적인 이용·개발을 하려는 지역 계획적·체계적인 관리가 필요한 지역	40% 이하	50% 이상 100% 이하

출처: 토지이음: 토지이용 용어사전, http://www.eum.go.kr/web/in/dc/dcDictList.jsp

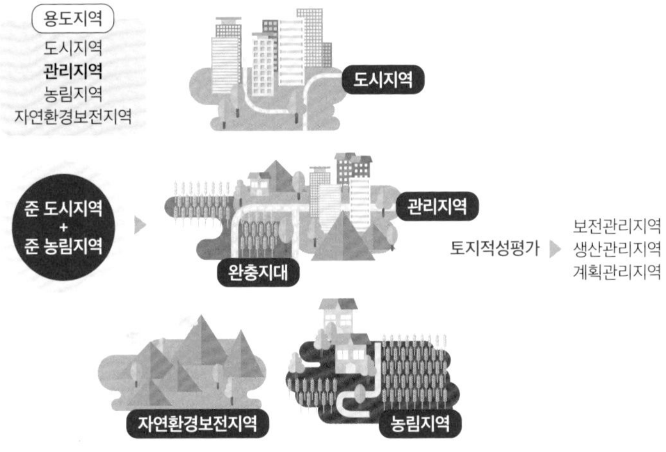

출처: 서울특별시 알기 쉬운 도시계획 용어, https://urban.seoul.go.kr/view/mainPop/term.pop?type=add

○ 용 례 {관리지역으로} 지정하다. / 계획관리지역 이외의 {관리지역과} 녹지지역의 땅은 대부분 펜션이나 전원주택으로 개발할 수 있습니다.《서울경제, 2021년 12월 19일》 / 그동안 도시지역은 국토계획법상 주거·상업·공업·녹지지역 등으로 용도

가 구분돼 체계적으로 관리돼 왔지만, 농촌지역은 입지 규제 없이 거의 모든 용도의 시설이 다 들어올 수 있는 {관리지역이} 25%에 달해 난개발의 온상이 되어 왔다.《한국농어민신문, 2021년 12월 24일》

관련어 용도지역, 도시지역, 농림지역, 자연환경보전지역.

출 전 「국토의 계획 및 이용에 관한 법률」(법률 제18473호, 2021. 10. 8.).

서울특별시 알기 쉬운 도시계획 용어, https://urban.seoul.go.kr/view/mainPop/term.pop?type=add

안정근(2014), 『현대부동산학[제5판]』, 양현사.

장희순·김성진(2020), 『부동산용어사전』, 부연사.

토지이음: 토지이용 용어사전, http://www.eum.go.kr/web/in/dc/dcDictList.jsp

집필자 박상훈

구분지상권

區分地上權, Divided Superficies

다른 사람 소유의 토지 가운데 일정한 범위를 사용할 수 있는 권리. 토지의 지하 또는 지상의 공간 가운데 특정한 범위를 지정하여 그 공간을 사용하는 지상권을 말한다. 이 지상권이 설정된 공간은 다른 사람의 토지 사용을 제한할 수 있다.

남한과 사회 체제가 다른 북한에서는 이 용어가 쓰이지 않는다.

더 알아보기

「민법」 제279조에 '지상권'은 "타인의 토지에 건물 및 기타 공작물이나 수목을 소유하기 위하여 그 토지를 사용하는 권리"로 정의되어 있다. '구분지상권'은 지상권의 일종이지만, 지상권과 달리 토지의 지하 또는 지상의 일정한 범위에만 그 효력이 미치며, 수목의 소유를 위해서는 설정할 수 없다(「민법」 제289조의2). 지상권이 설정되면 토지 소유자는 그 토지를 이용할 수 없게 되지만, 구분지상권의 경우에는 그 목적이 되는 공간을 제외한 나머지 부분은 토지 소유자가 그대로 이용할 수 있다. 구분지상권의 설정으로 토지의 이용에 제약을 받는 토지 소유자는 그 손실을 보상받을 수 있다.

구분지상권이 적용되는 예를 들면, 지하 공간을 활용하는 '지하상가', '도로', '철도', '주차장', '광장', '터널', '관로' 등이 있고, 지상 공간을 활용하는 '송전선로', '송수관', '케이블카', '고가도로' 등이 있다.

용 례 {구분지상권을} 설정하다. / 정부가 지하 40m보다 깊은 '대심도 지하'에 도로나 철도를 지을 때 상부 부동산 등기부에 '{구분지상권}(토지의 지상이나 지하를 사용할 수 있는 권리)'을 설정하지 않겠다고 밝혔다. {구분지상권} 설정이 주민들 사이에서 토지 이용가치를 낮추는 원인 중 하나로 인식되고 있기 때문이다.《조선비즈, 2019년 11월 21일》 / 국토교통부가 수도권 제2순환고속도로 인천~김포 지하터널 구간 {구분지상권을} 설정하자 인천 동구 주민들이 집단 행정소송을 제기했다.《인천투데이, 2021년 3월 11일》

관련어 지상권.

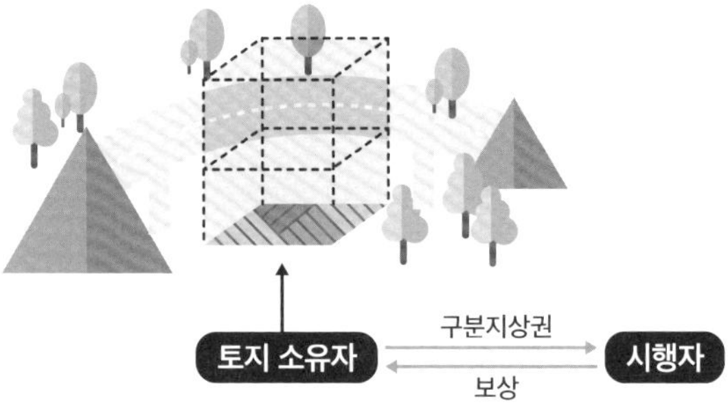

출처: 서울특별시 알기 쉬운 도시계획 용어, https://rban.seoul.go.kr/view/mainPop/term.pop?type=add

출 전 「민법」(법률 제17905호, 2021. 1. 26.).

서경규(2018), 「구분지상권의 보상감정평가에 관한 연구」, 『감정평가학논집』 17-3. 한국감정평가학회. 59-84쪽.

서울특별시 알기 쉬운 도시계획 용어, https://urban.seoul.go.kr/view/mainPop/term.pop?type=add

집필자 박상훈

국민주택

國民住宅, National Housing

국가나 지방자치단체, 한국토지주택공사, 지방공사가 건설하거나 주택도시기금의 자금을 지원받아 건설·개량하는 주거전용면적 85m^2 이하의 주택. 국가나 공공기관에서 무주택자들에게 싼값으로 임대·분양하기 위하여 지은 주택을 가리킨다. 도시 지역이 아닌 읍·면 지역의 경우 주거전용면적 100m^2 이하의 주택도 이에 포함된다.

남한과 사회 체제가 다른 북한에서는 이 용어가 쓰이지 않는다.

더 알아보기

남한에서는 서민의 주택난을 해소하고 주택 건설에 필요한 자금을 확보하기 위하여 1981년에 국민주택기금이 설치되었다. 이 국민주택기금의 지원을 받아 공공에서 공급하는 소형 주택을 국민주택이라고 한다.

「주택법」에 규정된 국민주택은 다음의 어느 하나에 해당하는 주택으로서, 주거전용면적이 85m^2 이하(수도권을 제외한, 도시 지역이 아닌 읍·면 지역은 100m^2 이하)인 주택을 말한다.

- 국가·지방자치단체, 한국토지주택공사 또는 주택사업을 목적으로 설립된 지방공사가 건설하는 주택
- 국가·지방자치단체의 재정 또는 주택도시기금으로부터 자금을 지원받아 건설되거나 개량되는 주택

국민주택은 분양 주체가 공공기관이고 전용면적의 제한이 있다는 점에서 민간건설업체가 공급하는 민영주택과 다르다. 국민주택이나 민영주택을 분양받기 위해서는 각각 별도의 '청약통장'이 필요하였으나, 2009년부터 '주택청약종합저축'으로 통합되어 국민주택과 민영주택 구분 없이 모든 신규 분양주택의 청약에 사용할 수 있다.

《 국민주택과 민영주택의 비교 》

	국민주택	민영주택
분양 주체	국가, 지방자치단체, 한국토지주택공사 등이 건설하는 주택	민간건설업체가 공급하는 주택
면적	주거전용면적 85m^2 이하 (수도권 및 도시지역이 아닌 읍·면 지역은 주거전용면적 100m^2 이하)	청약통장 예치금액에 따라 결정됨
입주 대상	무주택 세대주 또는 무주택 세대원(해당 지역 거주)	만 19세 이상(해당 지역 거주)
청약 가능 통장	주택청약종합저축, 청약저축	주택청약종합저축, 청약예금, 청약부금
당첨자 선정	순위순차제	가점제·추첨제

출처: 한국부동산원 청약홈, https://www.applyhome.co.kr

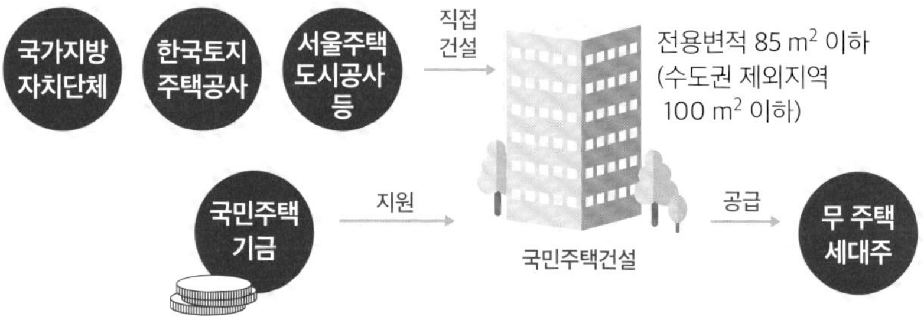

출처: 서울특별시 알기 쉬운 도시계획 용어, https://urban.seoul.go.kr/view/mainPop/term.pop?type=add

◎ **용 례** {국민주택에} 살다. / {국민주택을} 분양받다. / 주거지역뿐만 아니라 준공업지역 정비사업에도 임대주택(85m² 미만) 공급 시 용적률이 완화된다. 증가 용적률의 절반은 {국민주택} 규모 임대주택으로, 나머지는 일반분양으로 공급할 수 있다.《노컷뉴스, 2021년 12월 27일》

◎ **관련어** 민영주택.

◎ **출 전** 「주택법」(법률 제16870호, 2020. 1. 23.).

서울특별시 알기 쉬운 도시계획 용어, https://urban.seoul.go.kr/view/mainPop/term.pop?type=add

한국부동산원 청약홈, https://www.applyhome.co.kr

◎ **집필자** 박상훈

근저당권

根抵當權, Collateral Security

향후 생길 채권의 담보로서 미리 설정한 저당권. 계속적인 거래 관계로부터 발생하는 불특정 다수의 채권을 장래의 결산기에 채권최고액까지 담보하기 위해 설정하는 저당권을 말한다.

남한과 사회 체제가 다른 북한에서는 이 용어가 쓰이지 않는다.

더 알아보기

일반적으로 은행에 주택담보대출을 신청하면 은행에서는 담보물인 주택을 감정하여 근저당권을 설정한 다음에 대출을 해 준다. 이 과정에서 등록세, 교육세, 등기신청 수수료, 법무사 수수료, 감정평가 수수료, 인지세 등의 근저당 설정 비용이 발생한다. 금액은 보통 대출금의 0.6~0.7% 정도이다.

근저당권으로 담보되는 채권액의 한도를 '채권최고액'이라고 한다. 만약 은행에서 주택담보대출을 받은 채무자가 대출금의 일부를 갚거나 이자를 연체하면 채권액이 변경되어 그때마다 저당권을 다시 설정해 주어야 한다. 이러한 번거로움을 덜기 위해 채권자는 실제 채권액보다 20~30% 높게 채권최고액을 설정해 두고 미래에 발생할 수 있는 채권액의 변동에 대비한다.

전·월세를 구할 때에는 임대차계약을 하려는 주택의 등기부등본에 근저당권이 설정되어 있는지를 반드시 확인하여야 한다. 임차한 주택이 경매에 넘어갈 경우 근저당권자가 매각 대금에 대한 우선변제권을 가지므로, 세입자는 최악의 경우 보증금을 돌려받지 못할 수도 있기 때문이다. 채권최고액과 보증금을 더한 금액이 집값의 60~70%를 넘으면 계약을 하지 않는 것이 좋다.

《 근저당권과 저당권의 차이 》

차이점	근저당권	저당권
담보채권	장래의 증감·변동하는 불특정 채권	현재의 확정액
부종성	결산일에 피담보채권이 확정되기 전까지 피담보채권이 소멸하더라도 유지	현재 채권이 소멸하면 함께 소멸
변제의 효력	변제하더라도 결산기 전이면 채권이 소멸하지 않음	변제하면 채권 소멸
등기되는 금액	피담보채권 최고액 (채권액이 최고액을 초과해도 최고액 이상의 우선변제권은 없음)	피담보채권액

출처: 찾기 쉬운 생활법령정보(법제처), https://easylaw.go.kr

용 례 {근저당권을} 설정하다. / {근저당권을} 말소하다. / 타운하우스 분향 후 중도금을 지급받은 상태에서 건물과 토지에 수십억 원의 {근저당권을} 설정한 50대 건축업자가 법원에서 실형을 선고받았다.《뉴시스, 2021년 3월 11일》

관련어 저당권, 채권최고액.

출 전 「민법」(법률 제17905호, 2021. 1. 26.).
네이버 지식백과: 시사상식사전(박문각), https://terms.naver.com/list.naver?cid=43667&categoryId=43667
찾기 쉬운 생활법령정보(법제처), https://easylaw.go.kr

집필자 박상훈

기준금리

基準金利, Base Rate

자금을 조달하거나 운용할 때 적용하는 금리의 기준이 되는 금리. 한 나라의 중앙은행에서 금융 정세의 변화에 따라 일정 기간마다 결정하며, 금융 시장에서 각종 금리를 지배한다.

남한과 사회 체제가 다른 북한에서는 이 용어가 쓰이지 않는다. 다만, 북한에서도 '금리'라는 용어는 쓰이는데, 『거울사전 2.0』(2017)에 따르면, "돈을 꾸어준 값으로 덧붙여 받는 돈. 리자라고도 한다."라고 정의하고 있다.

더 알아보기

남한의 경우 한국은행 금융통화위원회에서 물가 동향, 국내외 경제 상황, 금융시장 여건 등을 종합적으로 고려하여 연 8회 기준금리를 결정하고 있다. 이렇게 결정된 기준금리는 초단기금리인 콜금리에 즉시 영향을 미치고, 장단기 시장금리, 예금 및 대출 금리 등의 변동으로 이어져 궁극적으로는 실물경제 활동에 영향을 미치게 된다.

한국은행의 기준금리 결정은 운용 목표치를 설정하는 것에 불과하다. 실제로 자금 시장에서 거래되는 다양한 금리는 기본적으로 자금의 수요자와 공급자에 의해 결정된다. 그렇지만 한국은행은 채권의 매매나 금융기관의 지급준비율 또는 재할인율 등의 통화정책을 통해 통화량이나 물가, 나아가 금리에도 영향을 주기 때문에 한국은행이 제시하는 기준금리는 중요한 의미를 갖는다. 이런 이유로 한국은행에서 기준금리를 발표하게 되면 시중 은행을 포함한 금융기관들은 이를 기준으로 하여 각자 나름의 금리를 책정하게 된다. 따라서 한국은행이 기준금리를 올리면 시중 금리도 상승하게 되고 기준금리를 낮추면 시중 금리도 떨어지게 된다.

용 례 {기준금리} 인상. / {기준금리를} 동결하다. /지난주 한국은행이 {기준금리를} 인상한 가운데 5대 은행이 모두 예·적금 금리를 상향 조정했다.《더팩트, 2022년 1월 19일》 / 한국은행은 14일 금융통화위원회를 열어 {기준금리를} 현재 1.00%에서 0.25%포인트 인상해 신종 코로나바이러스 감염증(코로나19) 사태 직전 수준인 1.25%까지 끌어올렸다.《연합뉴스, 2022년 1월 14일》

관련어 금리.

출 전 국가국어사정위원회·통계정보기술교류사(2017), 『거울사전 2.0』.
네이버 지식백과: 시사경제용어사전, https://terms.naver.com/entry.naver?docId=300309&cid=43665&categoryId=43665

집필자 이시우

나지

裸地, Bare Land

건축물이 없이 비어 있는 땅. 지상에 건축물이 없어 다양한 용도로 쓰일 수 있는 땅이므로 건물이 세워져 있는 건부지보다 효용 가치가 높다. 따라서 가격면에서 건부지보다 높게 평가되며, 토지 가격에 대한 감정평가의 기준이 된다. 일반 용어로 쓰일 때는 '거름을 주지 아니한 생땅', 또는 '초목이 없는 발가벗은 땅'의 뜻을 나타낸다.

북한에서는 '나지'라는 용어를 쓰지 않는다. 다만, 비슷한 뜻으로 '빈땅'이라는 용어가 있다. 그 뜻은 "가꾸거나 그밖에 다른데에 쓰지 않고 버려둔채로 있는 땅(『조선말대사전』)"이다.

더 알아보기

국토교통부의 「표준지공시지가 조사·평가 기준」에서는 '나지'를 "토지에 건물이나 그 밖의 정착물이 없고, 지상권 등 토지의 사용·수익을 제한하는 사법상의 권리가 설정되어 있지 아니한 토지"라고 정의하고 있다.

일상생활에서는 '나지' 대신 '나대지'라는 용어를 더 많이 쓴다. '나대지'란 나지 중에서 지목이 '대垈'인 토지를 말한다. 지금은 폐지된 「택지소유상한에 관한 법률」에서는 택지의 범위에 나대지를 포함시키고 지목이 대인 토지 중 영구적인 건축물이 건축되어 있지 아니한 토지로서, 다음에 해당하는 토지를 제외한 토지를 나대지로 정의하였다.

① 건축물의 부속토지

② 「토지수용법」(현 「공익사업을 위한 토지 등의 취득 및 보상에 관한 법률」)에 의한 국방·군사에 관한 사업 등의 공익사업으로서 사업인정을 받은 토지

③ 「도시계획법」(현 「국토의 계획 및 이용에 관한 법률」)에 의한 도시계획시설용 토지로서 도시계획으로 결정된 토지

④ 「사도법」에 의한 사도(私道) 및 사실상 도로로 사용되고 있는 토지

⑤ 건축물에 부설된 주차장(건축물의 부속토지 인근에 설치된 부설주차장 포함)으로서 최소기준면적 이내의 토지

⑥ 「산업입지 및 개발에 관한 법률」에 의하여 조성된 연구단지 안의 연구시설용 토지

용 례 {나지에} 건물을 짓다. / 공시지가는 {나지} 상태로 간주해 평가해야 하므로 건축물과 토지를 함께 거래한 가격을 기준 삼아 계산한 경실련 조사 방법은 적절치 않다는 국토부 반박에 대해 "부동산 가격공시법은 공시지가를 '통상적인 시장에서 정상적으로 거래될 경우의 가격'으로 정의한다"며 "공시지가는 시장가치를 고려한 금액"이라고 재반박했다.《연합뉴스, 2020년 1월 10일》 / 전북 서해안의 새만금 사업지역 주변에서는 {나지에서} 날리는 먼지에 대한 민원이 자주 발생했다. 주민들은 새만금 간척사업으로 갯벌이 드러나 말라붙고, 바람에 흙이 날리면서 먼지가 발생한다고 불만을 나타냈다.《중앙일보, 2021년 2월 3일》

관련어 나대지(裸垈地), 건부지.

출 전 「택지소유상한에 관한 법률」(법률 제5410호, 1997. 8. 30.).
「표준지공시지가 조사·평가 기준」(국토교통부훈령 제1235호, 2019. 10. 23.).
사회과학출판사 편(2017), 『조선말대사전』, 사회과학출판사.
토지이음: 토지이용 용어사전, http://www.eum.go.kr/web/in/dc/dcDictList.jsp

집필자 박상훈

녹지지역

綠地地域, Green Area

자연환경과 농지나 산림을 보호하고 도시의 무질서한 확산을 막기 위하여 지정해 놓은 지역. 「국토의 계획 및 이용에 관한 법률」에 따라 도시·군관리 계획으로 지정한 용도지역 중 도시지역의 하나이다. 크게 '보전녹지지역', '생산녹지지역', '자연녹지지역'으로 나뉜다.

남한과 사회 체제가 다른 북한에서는 이 용어가 쓰이지 않는다.

더 알아보기

'도시지역'은 인구와 산업이 밀집되어 있거나 밀집이 예상되어 체계적인 개발·정비·관리·보전 등이 필요한 지역이다. 도시지역은 크게 '주거지역', '상업지역', '공업지역', '녹지지역'으로 구분된다. 녹지지역은 다시 '보전녹지지역', '생산녹지지역', '자연녹지지역'으로 세분된다. 세분된 지역에 따라 개발을 유보하거나 제한적으로 허용하기도 하며, 지자체별로 건폐율 및 용적률이 달리 적용된다.

《 녹지지역의 구분 및 특징 》

구분		특징	건폐율	용적률
녹지지역	보전녹지지역	도시의 자연환경·경관·산림 및 녹지 공간 보전	20% 이하	50% 이상 80% 이하
	생산녹지지역	농업적 생산을 위해 개발을 유보	20% 이하	50% 이상 100% 이하
	자연녹지지역	도시의 녹지 공간 확보, 도시 확산의 방지 불가피한 경우 제한적 개발 허용	20% 이하	50% 이상 100% 이하

출처: 토지이음: 토지이용 용어사전, http://www.eum.go.kr/web/in/dc/dcDictList.jsp

출처: 서울특별시 알기 쉬운 도시계획 용어,
https://urban.seoul.go.kr/view/mainPop/term.pop?type=add

용 례 {녹지지역으로} 지정하다. / ○○○은 도시공원과 가로수 등 시 관내 {녹지지역에} 대한 쾌적한 환경조성에 나서기 위해 15일 진주시와 '그린협약'을 체결했다고 밝혔다. 이번 협약에 따라 양 기관은 진주시의 도시공원과 가로수 등 {녹지지역에서} 환경보호와 정화활동을 펼쳐 아름다운 지역 만들기에 협력할 계획이다.《빅데이터뉴스, 2021년 11월 15일》 / {녹지지역} 내 난개발 등을 방지하기 위해 개발행위를 엄격히 제한하는 규정을 담은 조례를 사실상 폐기하는 수준의 조례가 성남시의회에서 재추진돼 논란이 일고 있다.《경인일보, 2021년 12월 29일》

동의어 녹지대.

관련어 도시지역, 주거지역, 상업지역, 공업지역, 개발제한구역.

출 전 「국토의 계획 및 이용에 관한 법률 시행령」(대통령령 제31961호, 2021. 8. 31.).

「국토의 계획 및 이용에 관한 법률」(법률 제18473호, 2021. 10. 8.).

상식연구소(2021), 『부동산용어사전 1252』, 서원각.

서울특별시 알기 쉬운 도시계획 용어, https://urban.seoul.go.kr/view/mainPop/term.pop?type=add

안정근(2014), 『현대부동산학[제5판]』, 양현사.

장희순·김성진(2020), 『부동산용어사전』, 부연사.

토지이음: 토지이용 용어사전, http://www.eum.go.kr/web/in/dc/dcDictList.jsp

집필자 박상훈

농림지역

農林地域, Agricultural and Forest Area

농업과 임업을 보호·발전시키고 산림을 보전하기 위해 국토교통부 장관이 지정해 놓은 지역. 「국토의 계획 및 이용에 관한 법률」에 따라 중앙도시계획위원회의 심의 등을 거쳐 국토교통부 장관이 용도에 따라 지정한 용도지역 중의 하나이다. 도시지역에 속하지 않은 지역으로, 「농지법」에 따른 농업진흥지역 또는 「산지관리법」에 따른 보전산지지역이 농림지역에 속한다.

남한과 사회 체제가 다른 북한에서는 이 용어가 쓰이지 않는다.

더 알아보기

용도지역은 「국토의 계획 및 이용에 관한 법률」에 따라 크게 '도시지역', '관리지역', '농림지역', '자연환경보전지역'으로 나뉜다. 「농지법」에서는 농지를 효율적으로 이용하고 보전하기 위해 농림지역 중 '농업진흥지역'을 별도로 지정하고 있다. 「농지법」에 따른 농업진흥지역은 농림지역 내에서뿐만 아니라 용도지역의 하나인 도시지역 내의 녹지지역, 관리지역 내에서도 지정될 수 있다.

농업진흥지역은 다시 '농업진흥구역'과 '농업보호구역'으로 구분된다. 이 중 농업진흥구역은 농업용으로 이용하고 있는 토지가 밀집되어 있는 지역이다. 개발을 할 수 없으며 농업인이나 임업인을 위한 농업인 주택 외에 일반 주택을 지을 수 없다. 농업보호구역은 농업진흥구역을 지원하는 시설들이 있는 지역이다. 용수원 확보, 수질 보전, 농업 활동을 위한 환경을 보호하기 위한 지역이다. 태양광에너지 사업과 같은 시설 설치 및 일부 개발이 가능하며 단독주택도 지을 수 있다. 농림지역 안에서 건폐율 및 용적률의 최대 한도는 각각 20% 이하, 50% 이상 80% 이하 범위이다. 지자체별로 건폐율 및 용적률이 달리 적용된다.

용 례 {농림지역으로} 지정하다. / 12일 오전 화성시 양감면 용소리의 한 {농림지역에} 세워진 공장이 축사와 버섯재배사로 용도 허가를 받았지만, 실제로는 불법 용도 변경으로 화물 장치 제작 및 설치 업체로 사용되고 있다.《경인일보, 2021년 8월 12일》

관련어 용도지역, 도시지역, 관리지역, 자연환경보전지역, 농업진흥지역.

출처: 서울특별시 알기 쉬운 도시계획 용어, https://urban.seoul.go.kr/view/mainPop/term.pop?type=add

출 전 「국토의 계획 및 이용에 관한 법률 시행령」(대통령령 제31961호, 2021. 8. 31.).
「국토의 계획 및 이용에 관한 법률」(법률 제18473호, 2021. 10. 8.).
서울특별시 알기 쉬운 도시계획 용어, https://urban.seoul.go.kr/view/mainPop/term.pop?type=add
장희순·김성진(2020),『부동산용어사전』, 부연사
토지이음: 토지이용 용어사전, http://www.eum.go.kr/web/in/dc/dcDictList.jsp

집필자 박상훈

농지

農地, Farmland

농사를 짓는 데 쓰는 땅. 「농지법」에 따르면, 전·답, 과수원, 그 밖에 지목에 관계없이 실제로 농작물을 경작하거나 다년생식물을 재배하는 토지, 그리고 농지의 이용에 필요한 시설이나 농축산물 생산 시설의 부지 등이 포함된다. 농지를 취득하기 위해서는 농지취득자격증명을 발급받아야 하며, 직접 농사를 짓지 않는 경우에는 일정 면적 이상 농지를 소유할 수 없다.

북한에서도 '농지'라는 용어가 쓰이는데, 그 법률적인 뜻에서는 남한과 차이가 있다. 북한의 『거울사전 2.0』(2017)에는 '농지'에 대해 "농사짓는 땅."이라는 뜻풀이만 제시되어 있다.

더 알아보기

남한의 헌법에는 원칙적으로 직접 농사를 짓지 않는 사람은 농지를 소유하지 못하도록 규정하고 있다. 만약 상속, 이농 등의 이유로 농지를 소유하게 된 경우에는 일정 면적 이상의 농지를 소유할 수 없도록 제한하고 있다. 상속으로 농지를 취득하여 농업 경영을 하지 않거나 8년 이상 농업 경영을 한 후 이농한 사람은 10,000m^2까지만 농지를 소유할 수 있다. 주말·체험 영농을 하려는 사람은 1,000m^2 미만의 농지를 소유할 수 있다.

농지를 취득하려면 농지 소재지를 관할하는 시장, 구청장, 읍장 또는 면장으로부터 '농지취득자격증명'을 발급받아야 한다. 농지의 소유권에 관한 등기를 신청할 때에는 '농지취득자격증명'을 첨부하여야 한다.

농지의 소유자는 직접 농사를 지어야 하는 것이 원칙이지만, 제한적으로 농지를 임대하거나 무상으로 사용하게 할 수 있다. 질병, 징집, 취학, 선거에 따른 공직 취임, 부상으로 3개월 이상의 치료가 필요한 경우, 교도소·구치소에 수용 중인 경우, 3개월 이상 국외여행을 하는 경우, 농업법인이 청산 중인 경우, 임신 중이거나 분만 후 6개월 미만인 경우 등 부득이한 사유로 인하여 일시적으로 농업 경영에 종사할 수 없게 된 사람은 소유하고 있는 농지를 임대하거나 무상으로 사용하게 할 수 있다. 또한 60세 이상인 사람이 소유하고 있는 농지 중에서 자기의 농업 경영에 이용한 기간이 5년이 넘은 농지는 임대하거나 무상으로 사용하게 할 수 있다. 임대차 기간은 3년 이상이어야 하며, 다년생식물 재배지 등의 경우에는 5년 이상이어야 한다.

농지를 농업 생산 또는 농지 개량 이외의 용도로 사용하는 것을 '농지의 전용'이라고 한다. 농지를 전용하려면 농림축산식품부장관의 허가를 받아야 한다. 또한, 농지를 농·어업인 주택, 농축산업용 시설, 농수산물 유통·가공 시설, 어린이놀이터·마을회관 등 농업인의 공동생활 편의 시설 등의 부지로 전용하려면 시장·군수 또는 자치구구청장에게 신고하여야 한다.

시·구·읍·면의 장은 농지 소유 실태와 농지 이용 실태를 파악하고 농지원부를 작성하여 갖추어 두어야 한다. 2022년 4월부터는 농가별로 작성하던 농지원부를 필지별로 작성하는 농지대장으로 전환하여 관리한다.

○ 용 례 {농지를} 경작하다. / {농지를} 취득하다. / 지난해 … {농지의} 불법투기 문제가 불거짐에 따라 농지법이 개정됐다.《뉴시스, 2022년 1월 3일》 / {농지} 소유와 이용 실태 등 각종 농지 행정 자료를 담은 농지원부가 토지대장처럼 필지를 기준으로 작성·관리하는 농지대장으로 개편됩니다.《KBS뉴스, 2021년 1월 5일》

○ 관련어 농지취득자격증명, 농지전용, 농지원부, 농지대장.

○ 출 전 「농지법」(법률 제18021호, 2021. 4. 13.).

「대한민국헌법」(헌법 제10호, 1987. 10. 29.).

국가국어사정위원회·통계정보기술교류사(2017), 『겨울사전 2.0』.

서울특별시 알기 쉬운 도시계획 용어, https://urban.seoul.go.kr/view/mainPop/term.pop?type=add

장희순·김성진(2020), 『부동산용어사전』, 부연사.

찾기 쉬운 생활법령정보(법제처), https://easylaw.go.kr

집필자 박상훈

다가구주택

多家口主宅, Multi-unit Houses

하나의 주택에 여러 가구가 독립적으로 살 수 있도록 구획된 주택의 유형. 여러 가구가 살 수 있도록 건축된 주택으로서, 각 구획마다 방·부엌·출입구·화장실이 갖춰져 있다. 한 가구씩 독립하여 생활할 수 있으나 각 구획을 분리하여 소유하거나 매매하기가 불가능한 주택을 의미한다. 다가구주택은 「건축법」에 의한 용도별 건축물의 종류상 단독주택에 해당한다.

남한과 사회 체제가 다른 북한에서는 이 용어가 쓰이지 않는다.

더 알아보기

다가구주택은 「건축법 시행령」(제3조의 4.)에 의거하여, 주택으로 쓰이는 층수(지하층 제외)가 3개 층 이하이고, 1개 동의 주택으로 쓰는 바닥면적(지하주차장 면적 제외)의 합계가 660m² 이하이며, 19세대 이하가 거주할 수 있는 주택을 말한다. 다만, 다주택의 층수를 산정할 때 1층의 전부 또는 일부를 필로티 구조로 하여 주차장으로 사용하고 나머지 부분을 주택 외의 용도로 쓰는 경우에는 해당 층을 주택의 층수에서 제외한다.

건축연면적이 660m² 이하라는 점은 다세대주택과 비슷하나 다세대주택은 공동주택으로 분류되며 연속된 4개 층까지 건축할 수 있는 데 비하여, 다가구주택은 단독주택으로 분류되고 세대 수의 제한이 없으며 연속 3개 층까지 건축할 수 있다는 점이 다르다.

건축법상의 다가구주택은 도시 주택난을 완화하기 위해 1990년 건설교통부 지침을 통해 생겨났으며, 당시 주택의 구입 능력이 없는 세입자와 임대를 통한 소득의 증대를 추구하는 주택 소유 가구를 위해 임대를 목적으로 탄생된 주택 유형이다.

용 례 {다가구주택에서} 살다. / {다가구주택으로} 개조하다. / 전주시가 원룸 등 {다가구주택} 거주자의 편의 증진을 위해 도로명주소의 건물번호 뒤에 동·층·호를 표기하는 상세주소를 부여하고 있다.《전북도민일보, 2022년 1월 6일》 / {다가구주택은} 한 건물에 여러 가구가 거주하더라도 집주인은 한 명으로 단독주택으로 등기, 매매를 할 때에도 건물 전체로 진행되어야 합니다.《시사매거진, 2021년 12월 8일》

관련어 다세대주택.

출 전 「건축법 시행령」(대통령령 제32344호, 2022. 1. 18.).

「건축법」(법률 제18825호, 2022. 2. 3.).

네이버 지식백과: 한국민족문화대백과, https://terms.naver.com/entry.naver?docId=2459020&cid=46673&categoryId=46673

미래와경영연구소(2018), 『부동산용어』, 미래와경영.

집필자 이시우

다세대주택

多世帶住宅, Multi-household Houses

한 건물에 다수의 세대가 각각의 독립된 주거생활을 할 수 있도록 주거공간이 별도로 분리되어 있는 주택. 세대별로 별도의 방·부엌·화장실·현관을 동시에 확보하여야 하고, 세대별로 전용 상·하수도를 설치하여야 한다. 각 세대별로 등기를 별도로 하여 구분소유나 분양이 가능하기 때문에 양도소득세도 별도로 과세된다. 다세대주택은 「건축법」에 의한 용도별 건축물의 종류상 공동주택에 해당한다.

남한과 사회 체제가 다른 북한에서는 이 용어가 쓰이지 않는다.

더 알아보기

다세대주택은 공동주택의 일종으로, 1개 동의 바닥면적 합계가 660m^2 이하이고 4층 이하인 주택을 말한다. 다만, 2개 이상의 동을 지하주차장으로 연결하는 경우에는 각각의 동으로 간주한다. 지하주차장의 면적은 바닥면적에서 제외하고 층수를 산정할 때는 1층의 전부 또는 일부를 필로티 구조로 하여 주차장으로 사용하고 나머지 부분을 주택 외의 용도로 쓰는 경우에는 해당 층을 주택의 층수에서 제외한다. 다세대주택은 한 건물임에도 다수의 세대가 거주할 수 있도록 주거공간이 별도로 분리되어 있다.

건축연면적이 660m^2 이하라는 점은 다가구주택과 비슷하나 다가구주택이 단독주택으로 분류되고 세대 수의 제한이 없으며 연속 3개 층까지 건축할 수 있는 데 비하여, 다세대주택은 공동주택으로 분류되며 연속된 4개 층까지 건축할 수 있다는 점이 다르다.

용 례 {다세대주택에} 살다. / {다세대주택을} 분양하다. / 지원 대상은 건축법에 따라 사용검사를 받은 후 10년이 경과된 동일단지가 형성된(건물명칭 동일) {다세대주택,} 연립주택 등 소규모 공동주택이다.《충청일보, 2022년 1월 9일》/ 올해 들어 서울지역 {다세대주택인} 빌라 시장이 주춤한 모습을 보이고 있다. 지난해 아파트 가격 급등으로 빌라 시장이 반시이익을 누렸던 것과 대조된다.《뉴스토마토, 2022년 1월 24일》

관련어 다가구주택.

출 전 「건축법 시행령」(대통령령 제32344호, 2022. 1. 18.).
「건축법」(법률 제18825호, 2022. 2. 3.).
네이버 지식백과: 두산백과, https://terms.naver.com/entry.naver?docId=1233837&cid=40942&categoryId=32150
네이버 지식백과: 토지이용 용어사전, https://terms.naver.com/entry.naver?docId=1827051&cid=42154&categoryId=42154
미래와경영연구소(2018), 『부동산용어』, 미래와경영.

집필자 이시우

단독주택

單獨住宅, Detached Housing

한 채씩 따로 지은 주택. 넓은 의미로는 다중주택, 다가구주택, 공관 등이 포함된다.

북한에서는 남한의 '단독주택'과 같은 뜻으로 쓰이는 용어는 없으며, 유사한 개념의 '단층주택'이라는 용어가 있다.

출처: 서울특별시 알기 쉬운 도시계획 용어, https://urban.seoul.go.kr/view/mainPop/term.pop?type=add

더 알아보기

'주택'이란 세대의 구성원이 독립된 주거생활을 할 수 있는 구조로 된 건축물의 전부 또는 일부 및 그 부속토지를 말하며, '단독주택'과 '공동주택'으로 구분한다. 「건축법」에 규정된 단독주택의 범위에는 단독주택의 형태를 갖춘 가정어린이집, 공동생활가정, 지역아동센터, 공동육아나눔터, 작은도서관 및 노인복지시설이 포함된다. 단독주택은 다시 일반적인 단독주택, 다중주택, 다가구주택, 공관으로 세분되며 각각의 요건은 다음과 같다.

구분	요건
단독주택	일반적인 단독주택
다중주택	• 학생 또는 직장인 등 여러 사람이 장기간 거주할 수 있는 구조로 되어 있는 것 • 독립된 주거의 형태를 갖추지 않은 것(각 실별로 욕실은 설치할 수 있으나, 취사시설은 설치하지 않은 것) • 1개 동의 주택으로 쓰이는 바닥면적의 합계가 660m^2 이하이고 주택으로 쓰는 층수(지하층은 제외)가 3개 층 이하일 것 • 적정한 주거환경을 조성하기 위하여 건축조례로 정하는 실별 최소 면적, 창문의 설치 및 크기 등의 기준에 적합할 것
다가구주택	다음의 요건을 모두 갖춘 주택으로서 공동주택에 해당하지 않는 것 • 주택으로 쓰는 층수(지하층은 제외)가 3개 층 이하일 것 • 1개 동의 주택으로 쓰이는 바닥면적의 합계가 660m^2 이하일 것 • 19세대 이하가 거주할 수 있을 것
공관	공적인 거처로 쓰이는 주택

출처: 「건축법 시행령」 [별표 1] 용도별 건축물의 종류

용 례 {단독주택을} 매입하다. / 최근 주택 시장에서 블록형 {단독주택이} 선풍적인 인기를 끌고 있다. 아파트를 중심으로 계속해서 강화되는 규제를 빗겨갈 뿐 아니라 넓은 면적을 활용할 수 있는 탁월한 상품성도 기대할 수 있기 때문이다.《서울경제, 2021년 9월 15일》 / 거처는 {단독주택이} 291만 9000가구로 전체의 43.9%를 기록했다. 이어 아파트가 32%, 오피스텔·고시원 등 주택 이외의 거처가 10.8%였다.《조선비즈, 2021년 12월 24일》

관련어 공동주택.

출 전 「건축법 시행령」(대통령령 제32344호, 2022. 1. 18.).
「주택법」(법률 제16870호, 2020. 1. 23.).
서울특별시 알기 쉬운 도시계획 용어, https://urban.seoul.go.kr/view/mainPop/term.pop?type=add

집필자 박상훈

쉬어가기

북한의 '땅집'과 남한의 '단층집'

철남: "춘미, 궁금한게 있어?"

춘미: "뭐가 또 궁금한거야?"

철남: "춘미 씨가 북한에서 살 때 어떤 집에서 살았는지 궁금해."

춘미: "내가 북한에서 살던 집? 음…우리 집은 '땅집'이었어."

철남: "땅집? 땅집이 뭐야?"

춘미: "철남 씨, 거 있잖아. 계단이 있고 층이 있는 집이 아니라…"

철남: "아~ 단층집을 말하는 거야?"

춘미: "그래. 땅집을 남한에서는 단층집이라고 하지"

철남: "그렇구나. 단층집을 북한에서는 땅집이라고 말하는구나"

춘미: "맞아"

위 대화는 북한에서 나서 자란 춘미와 남한 출신인 철남의 대화이다. 두 사람의 대화에서 볼 수 있는 것처럼 북한에서는 '단층집'이라는 용어 대신에 '땅집'이라는 용어를 사용한다. 북한의 함경도 지역은 물론 황해도와 강원도에서도 단층집을 '땅집'이라고 부른다. 6·25 전쟁 이후 북한에서 남한으로 온 실향민들이 '땅집'이라는 용어를 일부 쓰기도 했지만, 대부분의 남한 사람은 이 용어를 알지 못한다.

북한에서도 땅집은 아파트에 비해 가격이 낮은 편이다. 그런데 1990년 이후로 북한에서 개인들 사이에 주택 거래가 불법적으로 성행하면서, 단층집과 아파트 주택을 맞교환하는 경우가 많아졌다. 이 경우에 단층집에서 아파트로 이사하는 주민이 아파트에 거주하던 주민에게 현 시세가로 차액을 지불하기도 한다. 이것을 북한에서는 '웃돈을 놓는다'고 말한다. 그리고 단층집 중에서 한 세대가 한 주택을 사용하는 경우에 그 집을 '독집'이라고 한다.

최근 북한에서는 단층집을 소유한 가정에서 주택 주변의 텃밭자리에 있던 창고를 허물고 그 자리에 집을 지어 파는 일들이 성행하고 있다. 지역 인민위원회 도시경영부 주택배정처 등 관련 부서 공무원들에게 뇌물을 주고 지은 주택들이 개인들 사이에서 판매되고 있는 것이다. 건축 공사를 하려면 건설기능공들이 필요한데, 돈 많은 '돈주'들은 이 기능공들을 고용하여 주택을 짓고 다시 이 주택을 되팔아서 돈을 불린다. 이렇게 개인집 건설 공사에 동원되는 일을 '청부업'이라고 한다. 청부로 건설 노동을 한 사람들은 그 인건비 중의 일부를 소속된 단체나 공장에 '수입금(출근하지 않는 대가로 내는 뇌물)'으로 낸다. 이러한 건설 노동에 동원되는 인력으로는 각 도·시·군의 대외건설사업소와 도시건설사업소 건설기능공들이 있다.

한편, 북한의 땅집들은 기초축조나 벽체쌓기를 하면서 철근과 시멘트를 정량대로 넣지 않는 경우가 많다. 이런 이유로 폭우가 오는 장마철에 집이 무너지기도 한다. 그리고 단층집 주변에 시멘트 포장을 할 수 없기에 장마철이 되면 주변 도로나 환경이 쉽게 지저분해진다. 또한, 가스난방이 불가능하여 땔나무나 연탄으로 난방과 취사를 대신하다 보니 가스중독으로 사망하는 사람들도 적지 않다.

북한에서는 남한의 단층집에 해당하는 '땅집'이 있고, 남한의 아파트에 해당하는 고층 주택들도 있다. 그렇지만 북한의 고층 주택들은 전기 사정이 좋지 않고, 중앙난방이 되지 않아 남한의 아파트에 비해 시설이 열악한 편이다. 그리고 북한의 땅집도 남한의 단층집이나 단독주택에 비해 구조나 시설 면에서 열악하다. 그렇지만 북한에서도 남한처럼 땅집(단층집)보다 고층 주택(아파트)의 가격이 더 비싼 것은 동일하다.

뉴스인사이트 기자 **김형수**

대지

垈地, Building Site

집을 지을 수 있는 땅. 「공간정보의 구축 및 관리 등에 관한 법률」에 따라 각 필지로 나눈 토지를 말한다. 여기서 '필지'란 구획되는 토지의 등록 단위로 1개의 필지에는 1개의 지번과 지목이 부여된다.

북한은 남한과 법 제도가 다르므로, '대지'의 세부적인 뜻에서는 남한과 차이가 있다. 북한의 『거울사전 2.0』(2017)에서는 '대지'를 "한개 또는 같은 기능을 수행하는 두개 이상의 건설대상이 자리잡은 터. 살림집대지, 공공건물대지 등으로 나눈다."라고 풀이하고 있다.

더 알아보기

남한에서 대지에 건축물을 짓기 위해서는 「건축법」에 규정된 안전과 도로에 관한 다음의 조건들을 만족해야 한다.

- 대지는 인접한 도로면보다 낮아서는 안 된다. 다만, 대지의 배수에 지장이 없거나 건축물의 용도상 방습防濕의 필요가 없는 경우에는 인접한 도로면보다 낮아도 된다.
- 습한 토지, 물이 나올 우려가 많은 토지, 쓰레기, 그 밖에 이와 유사한 것으로 매립된 토지에 건축물을 건축하는 경우에는 성토盛土, 지반 개량 등 필요한 조치를 하여야 한다.
- 대지에는 빗물과 오수를 배출하거나 처리하기 위하여 필요한 하수관,

하수구, 저수탱크, 그 밖에 이와 유사한 시설을 하여야 한다.

■ 손궤損潰(무너져 내림)의 우려가 있는 토지에 대지를 조성하려면 국토교통부령으로 정하는 바에 따라 옹벽을 설치하거나 그 밖에 필요한 조치를 하여야 한다.

■ 건축물의 대지는 2미터 이상이 도로(자동차만의 통행에 사용되는 도로는 제외한다)에 접하여야 한다. 연면적의 합계가 2,000m^2(공장인 경우에는 3,000m^2) 이상인 건축물의 대지는 너비 6m 이상의 도로에 4m 이상 접하여야 한다.

용 례 {대지에} 집을 짓다. / 인접한 여러 {대지를} 묶어 하나의 {대지처럼} 개발하는 '건축협정' 제도를 활성화시킬 법안이 국회 상임위를 통과했다.《매일경제, 2017년 3월 24일》 / 임야 투자의 경우 경사도도 중요하다. 지자체마다 규제가 다르지만 최소 15도 미만의 {대지가} 개발 가능성이 높다.《이데일리, 2021년 10월 29일》

관련어 택지, 부지, 필지(筆地).

출 전 「건축법」(법률 제18825호, 2022. 2. 3.).
국가국어사정위원회·통계정보기술교류사(2017), 『거울사전 2.0』.
네이버 지식백과: 두산백과, https://terms.naver.com/list.naver?cid=40942&categoryId=40942
서울특별시 알기 쉬운 도시계획 용어, https://urban.seoul.go.kr/view/mainPop/term.pop?type=add

집필자 박상훈

도시개발사업

都市開發事業, Urban Development Project

도시 개발 구역 안에서, 문화·보건·복지·주거·상업·정보 통신·생태 등의 기능을 가지는 단지나 시가지를 조성하기 위하여 시행하는 사업. 「도시개발법」에 따라 시행하는 사업이며, 계획적으로 도시 개발을 할 필요가 있는 지역에서 이루어진다.

남한과 사회 체제가 다른 북한에서는 이 용어가 쓰이지 않는다.

더 알아보기

남한의 도시개발사업은 주택 용지 및 공장 용지의 수요가 커지고 복합적인 기능을 하는 도시를 체계적으로 개발할 필요성이 높아지면서 이에 대응하기 위하여 도입되었다.

도시개발사업은 '구역지정', '실시계획', '사업시행'의 단계를 거쳐 시행된다. 첫 번째, 구역지정 단계에서는 도시개발구역 지정 제안과 요청의 과정을 거쳐 지정권자인 시·도지사, 대도시시장, 국토교통부장관 등이 도시개발구역 지정을 고시한다. 두 번째, 실시계획 단계에서 시행자가 도시개발사업에 관한 실시계획을 작성하면 지정권자는 이를 인가·고시하고 시행자를 지정한다. 세 번째, 사업시행 단계에서는 도시개발구역의 토지 등을 수용·사용하거나 환지 방식으로 사업을 시행할 수 있으며, 이 두 가지를 혼용하는 방식으로도 시행할 수 있다.

도시개발사업에 필요한 비용은 특별한 규정이 없으면 원칙적으로 시행자가 부담한다. 단, 대통령령으로 정하는 바에 따라 그 비용의 전부 또는 일부를 국고에서 보조하거나 융자할 수 있다. 시행자가 행정청인 경우에는 전부를 보조하거나 융자할 수 있다.

도시개발사업 시행 ▶ 수용방식, 환지방식, 혼용방식

출처: 서울특별시 알기 쉬운 도시계획 용어,
https://urban.seoul.go.kr/view/mainPop/term.pop?type=add

○ 용 례 {도시개발사업을} 시행하다. / 여야는 이날 오후 법사위 전체회의를 열고 민관 합작으로 {도시개발사업을} 하는 경우 민간의 이윤율에 상한선을 두는 내용의 도시개발법 개정안을 의결했다.《파이낸셜뉴스, 2021년 12월 9일》

○ 관련어 도시개발구역.

○ 출 전 「도시개발법」(법률 제17939호, 2021. 3. 16.).
서울특별시 알기 쉬운 도시계획 용어, https://urban.seoul.go.kr/view/mainPop/term.pop?type=add
인천광역시 홈페이지, https://www.incheon.go.kr

○ 집필자 박상훈

《 도시개발사업의 절차 》

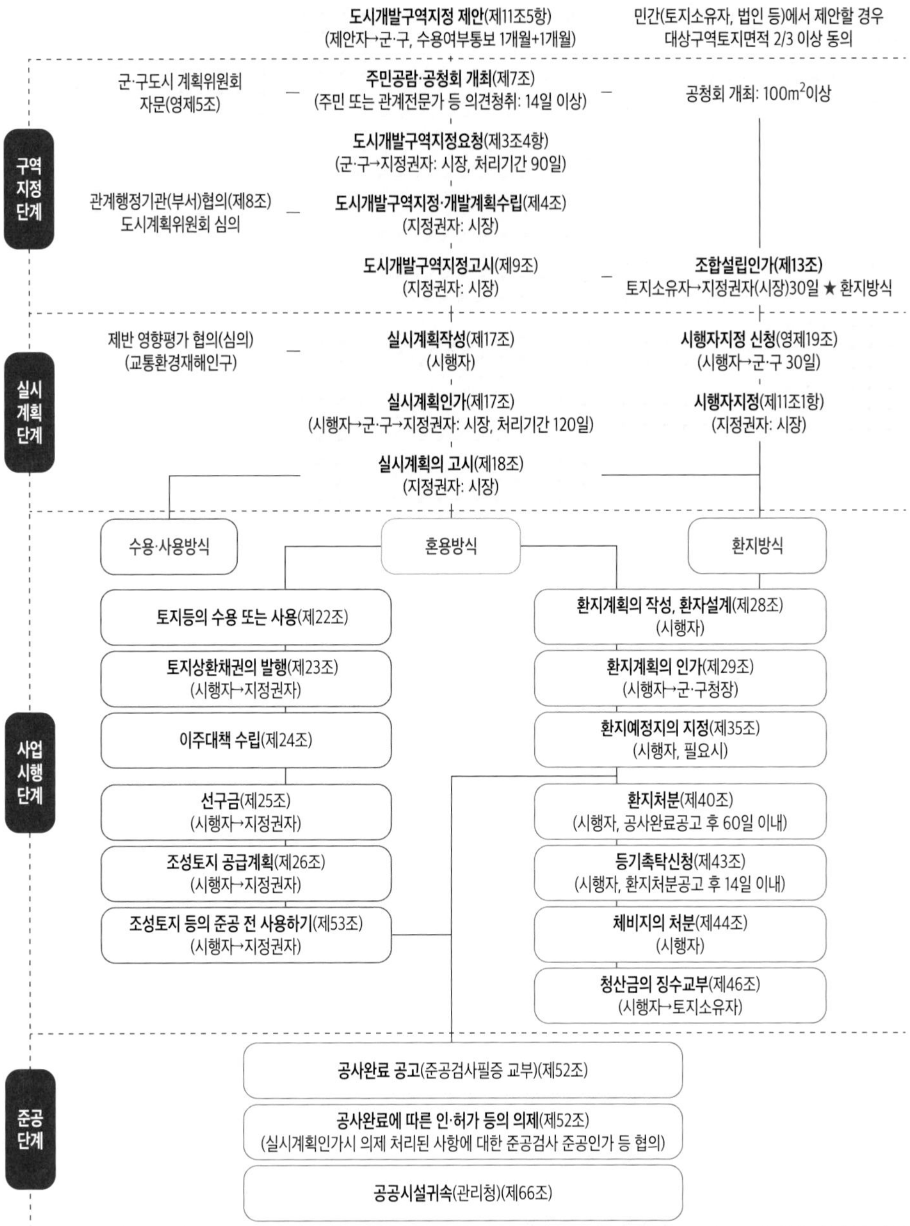

출처: 인천광역시 홈페이지, https://www.incheon.go.kr

등기

登記, Registration

국가 기관에서 법정 절차에 따라 등기부에 담보 등에 관한 일정한 권리관계를 적는 일, 또는 그렇게 적어 놓은 것. 목적물의 법적 권리 내용을 명백히 기록하여 거래를 하게 될 제3자가 예측하지 못한 손해를 입지 않도록 하기 위한 제도이다. 등기의 대상에는 토지, 건물, 입목, 공장재단, 광업재단, 선박, 부부재산약정, 법인등기, 상업등기 등이 있다. 보통 등기라고 하면 「부동산등기법」에 따른 '토지 등기'와 '건물 등기'를 가리킨다.

북한은 남한과 법 제도가 다르므로, '등기'의 세부적인 뜻에서 남한과 차이가 있다. 북한의 『거울사전 2.0』(2017)에는 '등기'를 "일정한 사항을 사회에 널리 알리기 위하여 국가기관 또는 등록소의 공문서에 기재하는 민사법상 행위. 등기는 거래관계에 들어서는 제3자의 권리내용을 명백히 하고 불법적인 손해를 입지 않도록 하기 위한 제도이다. 등기는 거래의 안전을 보호하는데서 중요한 기능을 수행한다. 우리 나라에서는 등록제라고 한다. 특수경제지대에서는 재산등록, 세무등록 등 여러가지 형태의 등록제도를 예견하고있다. 등기라고 할 때 보통 부동산등기만을 가리키는 경우도 있다."고 풀이하고 있다.

더 알아보기

「부동산등기법」에 따른 '등기'는 부동산의 표시와 소유권, 지상권, 지역권, 전세권, 저당권, 권리질권, 채권담보권, 임차권 등의 권리의 보존·이전·설정·변경·소멸·처분의 제한에 대하여 한다.

등기 사항을 기입하는 공적인 장부를 '등기부'라고 하는데, 부동산 등기부에는 '토지 등기부'와 '건물 등기부'가 있다. '등기부'는 부동산 자체에 관한 내용을 기입하는 '표제부'와 소유권에 관한 내용을 기입하는 '갑구', 그리고 소유권 이외의 권리에 관한 내용을 기입하는 '을구'로 나뉜다. 1필의 토지 또는 1개의 건물마다 1개의 등기 기록을 둔다.

부동산 등기는 그 내용에 따라 '기입등기', '변경등기', '경정등기', '말소등기', '멸실등기', '회복등기'로 나뉜다. 기입등기는 새로운 등기 원인에 근거하여 등기부에 새로 기입하는 등기를 말하며, 변경등기는 이미 기재되어 있는 등기 내용의 일부를 변경하기 위한 등기를 말한다. 또한 경정등기는 등기를 마친 후 그 등기에 착오나 빠진 부분을 발견하였을 때 이를 바로잡기 위하여 하는 등기를 말하며, 말소등기는 기존의 등기가 실체관계와 전혀 부합하지 않게 되어 부적법한 경우 그 등기의 전부를 소멸시키기 위하여 하는 등기를 말한다. 멸실등기는 1개의 부동산 전체가 소멸하였거나 존재하지 않는 건물에 대한 등기가 있을 때 그 등기를 없애기 위해 하는 등기를 말하며, 회복등기는 기존의 등기가 부당하게 소멸된 경우 이를 회복하기 위한 등기로 '멸실회복등기'와 '말소회복등기'가 있다.

등기를 그 효력에 따라 분류하면, 등기 본래의 효력인 물권 변동을 완전하게 발생시키는 '종국등기'와 등기 본래의 효력과는 관계 없이 장래에 행하게 될 종국등기에 대비하여 그 권리를 보전하기 위한 '예비등기'가 있다.

○ 용 례 {등기를} 신청하다. / 매수인이 법무사의 도움을 받지 않고 직접 소유권 이전 {등기를} 하는 '셀프 {등기}' 건수가 올해 역대 최대치를 기록한 것으로 나타났다.《조선비즈, 2021년 12월 26일》 / 보증금을 돌려받지 못했는데 이사를 꼭 가야 한

다면 반드시 임차권 {등기를} 마쳐야 한다. 임차권 {등기는} 임차인이 전셋집 소재지 관할 법원에서 임차권 {등기} 명령을 신청하면 된다.《동아일보, 2020년 7월 17일》

관련어 등기부, 토지 등기, 건물 등기.

출 전 「부동산등기법」(법률 제16912호, 2020. 2. 4.).

국가국어사정위원회·통계정보기술교류사(2017),『거울사전 2.0』.

네이버 지식백과: 두산백과, https://terms.naver.com/list.naver?cid=40942&categoryId=40942

네이버 지식백과: 법률용어사전(법문북스), https://terms.naver.com/list.naver?cid=42131&categoryId=42131

장희순·김성진(2020),『부동산용어사전』, 부연사.

집필자 박상훈

등기권리증

登記權利證, Registration Certificate of Real Estate Rights

부동산을 취득하여 등기를 완료했을 때, 등기소 공무원이 등기권리자에게 교부하는 증명서. 등기필증이라고도 한다. 부동산을 사고팔 때 소유권이 이전된 후 부동산 매수인의 소유권을 인정해 주는 증명서로, 여기에는 등기번호, 신청서 접수일자, 순위 번호 등 등기 증명에 필요한 정보들이 표시되어 있다.

남한과 사회 체제가 다른 북한에서는 이 용어가 쓰이지 않는다.

더 알아보기

부동산을 매매가 이루어진 이후 등기 신청서가 접수되면 담당 공무원은 등기 신청서에 등기번호, 신청서 접수의 연월일, 접수번호, 순위 번호와 등기를 마쳤다는 내용을 기재하고 등기 소인을 찍어 이를 등기권리자에게 교부한다.

다음에 부동산 매매가 되어 새로운 소유주가 등기를 하려면 이 등기권리증을 꼭 제출해야 한다. 등기권리증을 가지고 있으면 권리자라고 추정은 받지만 법률상으로는 어디까지나 등기소에서 발행한 하나의 증명서에 불과할 뿐이기 때문에 진실한 권리자에게 대항할 수는 없다.

등기권리증을 잃어버렸을 때에는 재발급 시 해당 부동산에 대한 권리 도용, 사기 등의 우려가 있기 때문에 재발급을 해 주지 않고 등기의무자 또는 법정대리인이 등기소에 출석하여 보증서를 발급받을 수 있다.

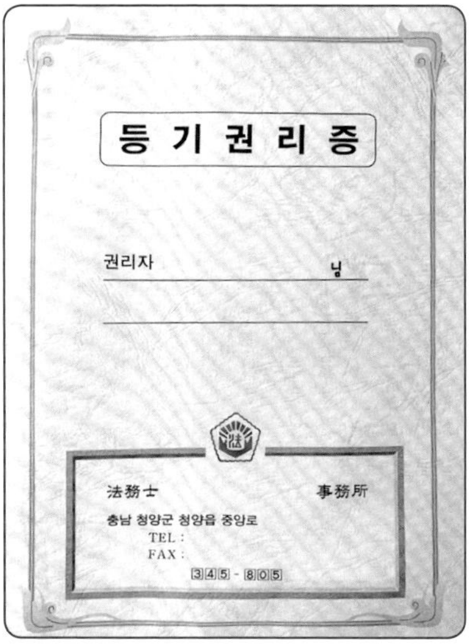

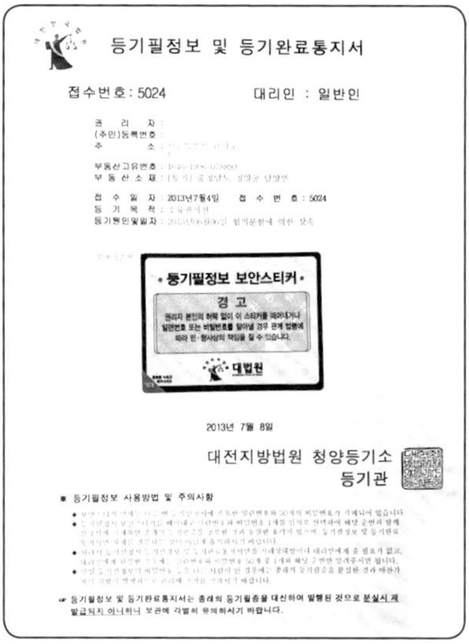
등기필정보 및 등기완료통지서

접수번호 : 5024 대리인 : 일반인

접 수 일 자 : 2013년7월4일 접 수 번 호 : 5024

• 등기필정보 보안스티커 •

경 고

권리자 본인의 허락 없이 이 스티커를 떼어내거나 일련번호 또는 비밀번호를 알아낸 경우 관계 법령에 따라 민·형사상의 책임을 질 수 있습니다.

대법원

2013년 7월 8일

대전지방법원 청양등기소
등기관

※ 등기필정보 사용방법 및 주의사항

☞ 등기필정보 및 등기완료통지서는 종래의 등기필증을 대신하여 발행된 것으로 분실시 재발급되지 아니하니 보관에 각별히 유의하시기 바랍니다.

◉ 용 례 {등기권리증} 분실 / {등기권리증을} 교부받다. / {등기권리증은} 흔히 말하는 집문서로, 집을 매매할 경우에 입주 잔금을 받은 경우라면 {등기권리증} 대신 매매계약서를 준비하면 된다.《뉴스인사이드, 2018년 4월 19일》 / 권리자라고 칭하는 사람의 신분증 확인은 물론 {등기권리증을} 소지하고 있는지, 그 내용이 정확한지를 확인할 필요가 있고, 이러한 확인은 잔금 지급 시가 아니라 부동산계약 체결 당시부터 이루어질 필요가 있다는 것이다.《이데일리, 2004년 11월 2일》

◉ 동의어 등기필증, 권리증.

◉ 출 전 미래와경영연구소(2018), 『부동산용어』, 미래와경영.
상식연구소(2021), 『부동산용어사전 1252』, 서원각.

◉ 집필자 이시우

등록세

登錄稅, Registration Tax

지방세의 하나. 재산권·특허권·저작권·광업권 등과 같은 권리의 취득·이전·변경·소멸 등의 변동 사항을 정부에 비치된 장부에 등기·등록하거나, 또 법률상 정한 일정한 자격 등에 관하여 관계 관청에 등기·등록하는 경우에 그 등기·등록 또는 특허·면허·자격증명을 받은 자에게 부과하는 세금을 말한다.

북한에는 인민에게 직접 부과하는 공식적인 세금이 없는 것으로 알려져 있다. 북한 『거울사전 2.0』(2017)의 '세금제도'라는 표제어에서는, "주민들의 세금부담을 계통적으로 낮추어온 우리 나라에서는 1974년 4월 1일부터 낡은 사회의 유물인 세금제도가 완전히 없어짐으로써 우리 나라는 세계에서 세금없는 첫 나라로 되였다."고 설명되어 있다. 따라서 북한에서는 이 용어가 쓰이지 않는다.

더 알아보기

부동산을 사면 부동산 계약 당사자에게 취득세가 발생하고, 정부의 공적인 장부에 등기·등록을 하면 등록세가 발생한다. 이때 부동산을 취득하는 사람과 장부에 등기·등록되는 소유주가 다를 수 있는데, 등록세는 사실상의 권리자가 아닌 명의상의 권리자에게 부과한다. 즉, 취득세가 실질적인 매매계약 당사자에게 과세되는 것과는 달리 등록세는 형식적인 소유주에게 과세되는 것이다.

종전에는 취득세와 등록세를 따로 납부하였으나 2011년부터는 같이 납부한다. 등록세를 내는 곳은 등록권자의 주소지 해당 사무소 또는 영업소 등의 소재지를 관할하는 도·특별시·광역시로 한다.

과세표준은 부동산 등에 관한 등기·등록 당시의 가액으로 하며, 그 가액은 조례條例가 정하는 바에 의하여 등기·등록자의 신고에 의함을 원칙으로 하며, 부동산등기의 세율은 표준세율標準稅率로 한다.

등기·등록을 하고자 하는 자는 등기·등록을 하기 전까지 등록세액을 신고납부하여야 한다. 신고납부를 하지 않거나 신고납부한 세액이 산출세액에 미달한 때에는 가산세加算稅를 징수한다.

용 례 {등록세를} 감면하다. / 부동산을 사고팔 경우 더 많은 {등록세를} 내야 한다. / 주택을 사고파는 일에도 양도세, 취득세, {등록세} 등으로 발생하는 비용이 부담되는 현실에서 주거 안정과 세금 부담은 세대를 막론한 관심사가 될 수밖에 없다.《헤럴드경제, 2021년 12월 9일》

관련어 취득세

출 전 「지방세법」(법률 제17893호, 2022. 1. 13.).
국가국어사정위원회·통계정보기술교류사(2017), 『거울사전 2.0』.
국세청·행정안전부(2021), 「주택과 세금」.
네이버 지식백과: 두산백과, https://terms.naver.com/entry.naver?docId=1085733&cid=40942&categoryId=31842
미래와경영연구소(2018), 『부동산용어』, 미래와경영.
상식연구소(2021), 『부동산용어사전 1252』, 서원각.

집필자 이시우

맹지

盲地, Landlocked Land

개발되지 않은 땅 가운데 타인의 토지에 둘러싸여 있으면서 도로와 맞닿은 부분이 전혀 없는 토지. 건축법상 건축 허가를 받을 수 없는 토지이다. 맹지의 소유자에게는 공도公道에 나가기 위해 주위의 토지를 통행하거나 통로를 개설할 수 있는 '주위토지통행권'이 있다. 이 경우 통행권자는 통행지 소유자의 손해를 보상해야 한다(「민법」 제219조).

남한과 사회 체제가 다른 북한에서는 이 용어가 쓰이지 않는다.

더 알아보기

'맹지'와 비슷한 개념으로 '자루형 부지'가 있다. 토지의 대부분이 타인의 토지에 둘러싸여 있고 작은 부분만이 도로에 연결되어 그 출입구가 자루의 입구처럼 좁게 생긴 토지를 말한다. 통풍 등의 위생, 피난의 어려움 등을 이유로 감정평가할 때 가치가 낮게 평가된다.

용 례 {맹지를} 구입하다. / A씨는 2013년 3월 경북 청도군에 있는 토지 소유권을 취득했다. 해당 토지는 B씨 등 타인 소유의 토지로 둘러싸여 있었고, B씨 토지를 통하지 않으면 공로로 출입이 불가능한 {맹지였다}. 공로란 많은 사람과 차가 다니는 큰길을 말한다.《뉴시스, 2021년 10월 30일》 / ○○○ 판사는 9월 16일 "원고 토지는 타인 소유 토지에 둘러싸인 {맹지에} 해당하여 원고는 위 토지를 위하여 민법 제219조 제1항에 의한 주위토지통행권을 갖는다고 할 것"이라며 "원고에게 피고 토지 중 (공로와 접한) 8m^2에 대한 주위토지통행권이 있음을 확인한

다"고 원고 승소 판결했다.《리걸타임즈, 2021년 10월 20일》

관련어 대지, 자루형 부지.

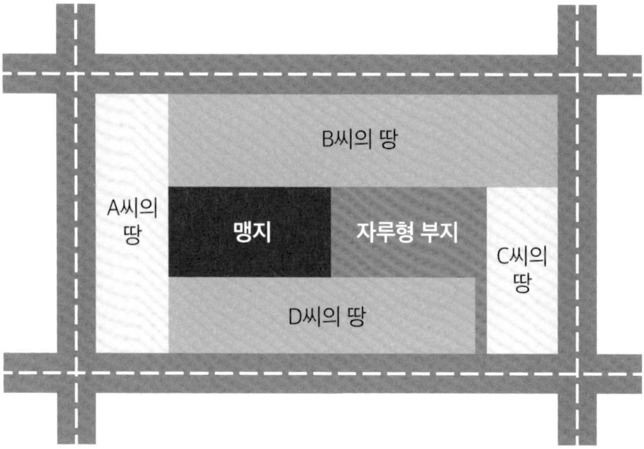

출 전 「민법」(법률 제17905호, 2021. 1. 26.).

네이버 지식백과: 시사상식사전(박문각), https://terms.naver.com/list.naver?cid=43667&categoryId=43667

장희순·김성진(2020), 『부동산용어사전』, 부연사.

집필자 박상훈

보증금

保證金, Deposit

앞으로 발생할지도 모르는 채무를 담보하기 위하여 계약 당사자 사이에 지급되는 돈. 주로 부동산의 임대차 중 건물을 빌리는 계약에서 건물을 빌리는 사람의 채무불이행으로 인한 채무를 담보하기 위하여 건물을 빌리는 사람 또는 제3자가 건물을 빌려준 사람에게 지급하는 돈이 이에 해당한다.

북한의 『거울사전 2.0』(2017)에서는 '보증금'을 "일정한 채무의 담보금으로서 채권자나 그밖의 일정한자에게 미리 교부하는 돈. 채권자는 그 돈에 대한 소유권을 돈의 교부와 동시에 얻으며 담보의 필요가 없어지면 같은 액수의 돈을 돌려줄 의무를 진다."라고 설명하고 있다.

더 알아보기

남한에서의 보증금 계약은 부동산을 빌리는 계약에서 부수적 계약인 경우가 보통이며, 보증금을 지급하는 법적인 성격은 부동산을 빌리는 계약이 종료될 때에 갚지 않은 채무액은 빼고, 나머지 금액을 돌려준다는 조건으로 소유권을 양도하는 것이라고 보는 것이 통설이다.

보증금으로써 일정 기간의 월세나 기타 채무를 대신하는 것은 부동산을 빌려준 사람이 임의로 결정할 문제인데, 따라서 부동산을 빌려준 사람은 보증금으로써 대신하지 않고 그 지급을 부동산을 빌린 사람에게 청구할 수도 있다.

보증금의 반환은 부동산을 빌리는 계약이 끝났을 때 청구할 수 있다.

용 례 사무실 임대 {보증금} / {보증금을} 걸다. / 정상적으로 전세금을 받고 나가는 경우와 달리 전셋집이 경매로 넘어간 경우는 {보증금을} 온전히 돌려받지 못하는 경우도 많아서다.《아시아경제, 2022년 1월 7일》 / 임대인으로부터 {보증금을} 반환받을 때 연체한 차임, 즉 밀린 월세에 해당하는 금액만큼 공제 후 정산하려던 임차인의 판단과 어긋나는 상황이 발생하는 것이다.《비욘드포스트, 2022년 1월 14일》

출 전 「민법」(법률 제17905호, 2021. 1. 26.).
국가국어사정위원회·통계정보기술교류사(2017), 『거울사전 2.0』.
네이버 지식백과: 두산백과, https://terms.naver.com/entry.naver?docId=1102786&cid=40942&categoryId=31721
미래와경영연구소(2018), 『부동산용어』, 미래와경영.
상식연구소(2021), 『부동산용어사전 1252』, 서원각.

집필자 이시우

부동산 가격

不動産價格, Price of Real Estate

부동산의 가치 또는 가치형태의 화폐적 표현. 부동산이 가지고 있는 가치의 크기에 따라 정해지는 가격이다.

북한 『거울사전 2.0』(2017)의 '부동산가격' 표제어에서는 "북한의 사회주의사회에서는 부동산의 매매와 저당이 철저히 금지되여있는것과 관련하여 부동산가격은 매매가격이 아니라 부동산의 가치평가와 사용료제정의 기초로 리용된다. 부동산가격에는 부동산의 형태에 따라 토지가격, 자원가격, 건물 및 시설물가격 등이 있다."라고 설명하고 있다. 즉, 북한에서는 부동산 매매를 위해 가격이 결정되는 것이 아니라 국가가 기관, 기업소들에 부동산의 관리권과 이용권을 넘겨줄 때 그 가치 형태를 엄격히 계산하고 또한 재정적 통제 수단으로 이용할 목적으로 부동산 가격을 설정한다.

더 알아보기

사회주의 사회에서는 부동산의 매매와 저당이 철저히 금지되어 있다. 따라서 사회주의 사회에서의 부동산 가격은 매매에 따른 가격이 아니라, 부동산의 가치를 평가하고 사용료를 제정할 때 그 기초 자료로 이용할 목적에서 책정되는 가격을 가리킨다.

북한에서의 부동산 가격에는 부동산의 형태에 따라 토지 가격, 자원 가격, 건물 및 시설물 가격 등이 있다. 건물 및 시설물 가격은 건설공사비에 기초하여 정하며 땅, 지하자원과 같이 자연적으로 이루어진 부동산 가격은 이용상

경제적 효과와 수요에 기초하여 정하게 된다. 이에 비해 남한에서의 토지, 건물, 산업시설 등과 같은 모든 부동산은 매매, 임대, 저당, 신용담보물의 대상이 되며, 철저히 매매가격에 의하여 그의 시세가 결정된다.

용 례 {부동산 가격} 폭등. / {부동산 가격이} 하락하다. / 지난해 수익률이 높았던 것은 코로나19에 대응하는 과정에서 풀린 돈이 {부동산 가격을} 끌어올렸기 때문이다.《이데일리, 2022년 1월 27일》 / 지난 25일 기준금리가 1.00%로 인상, 사실상 제로금리 시대가 '막'을 내리면서 천정부지로 치솟은 {부동산 가격이} 잡힐지 업계의 관심이 커지고 있다.《더퍼블릭, 2021년 11월 27일》

집필자 이시우

북한 지역의 부동산 가격, 어떤 요인이 영향을 주나?

우리 주변에는 남과 북의 차이를 쉽게 확인할 수 있는 사회적 현상이 적지 않다. 이러한 사회적 현상의 하나가 북한에서는 '돈주'(현금을 많이 보유한 장사꾼)를 부러워하나, 남한에서는 '건물주(북한말로 물주)'가 되는 것을 선호하는 것이다.

'물주'가 아닌, '돈주'를 부러워하는 북한이지만 남한과 같이 부동산 거래가 활발하게 진행되고 있으며, 부동산의 위치에 따라 그 가격이 수천 달러에서 수십만 달러에 이른다. 그렇다면 북한의 부동산 가격이 어떤 요인에 의해 오르내리며, 그 가격 형성이 남한과는 어떻게 다를까?

남한 지역 아파트의 가격 결정에 영향을 미치는 요인을 꼽는다면, 역세권과 같은 교통 환경, 명문학원의 위치와 같은 교육 환경, 강이나 호수, 공원 주변과 같은 자연 친화적 환경 등이 대표적이다. 예컨대 남한에서 부동산 시장이 위축되어도 강남 지역의 부동산 가격이 하락하지 않는 것은 바로 이러한 대표적인 요건을 골고루 갖추었기 때문이다.

북한 지역은 남한 지역과 달리 부동산 가격의 결정에 '시장권역'과 같은 장사 환경이 미치는 영향이 가장 크다. 시장과 가까운 지역의 아파트 가격이 가장 비싸고, 다음은 물자 이동이 쉬운 역세권, 전기나 수돗물 공급이 상대적으로 괜찮은 권력기관이 위치한 지역의 부동산 가격이 비싼 편이다. 북한 지역은 남한 지역처럼 사교육이 합법화되어 있지 않고 명문학원도 없기 때문에, 교육 환경은 부동산 가격의 결정에 영향을 미치는 요인이 되지 않는다.

입주자들이 선호하는 층수, 이른바 '로열층'인 경우도, 남북한 지역은 차이가 있다. 남한 주민들은 앞이 탁 트이고 주변 경치를 조망할 수 있는 고층을 선호하는 반면, 북한 주민들은 엘리베이터를 이용하지 않고도 땔감이나 생수, 연탄 등을 몸으로 운반하는 데 편리한 저층을 선호한다. 전기 공급이 원활하지 않아 고층에 거주할 경우, 잦은 정전으로 낭패를 당하기 쉽기 때문이다. 저층 중에서 1층은 '도둑'의 위험이 있어 꺼리지만, 2~3층은 안전하고 엘리베이터 없이도 오르내리기 편하므로 인기가 높다. 이런 이유로 북한에서는 저층이 남한의 로열층에 속한다.

북한의 살림집 가격은 지역별로 다소 차이가 있지만, 대체로 아파트 가격은 단층집보다 2배 정도 비싸다. 그 이유는 아파트가 단층집보다 튼튼하고 난방용 에너지가 적게 소요되기 때문이다. 그렇지만 사람에 따라서는 타인의 눈에 띄지 않게 불법적인 장사 물품을 보관하거나 운반하는 데 편리하고, 텃밭을 가꾸거나 닭, 토끼 등 가축을 키우는 데도 양호한 단층집을 더 선호하기도 한다.

최근 지방 도시의 권력자들 중에서 자신이 거주하고 있는 고급아파트를, 입지 좋은 곳의 단독주택('독집'이라고도 함)과 거액의 웃돈까지 주면서까지 거래하는 사례가 늘고 있다. 단독주택을 구매하면 2층짜리 주택을 새로 지을 수도 있고 차고를 만들어 주차 문제도 해결할 수 있기 때문이다. 그래서인지 북한 주민들은 집의 구조를 바꿀 수 없는 고급아파트 거주자보다 자신의 필요에 따라 집을 증축하거나 개축할 수 있는 단독주택의 소유자("땅 지기"라고 부름)가 낫다고도 말한다. 이는 부동산의 쓰임에 대한 북한 주민들의 인식 변화를 엿볼 수 있는 대목이다.

그렇다면 공장 건물의 경우는 어떨까? 북한의 국가기관 간 거래되는 공장 건물의 가격 결정에 영향을 미치는 요인은 아파트와는 사뭇 다르다. 공장 건물의 경우에 시장이나 기차역 근처 등 교통이 비교적 편리한 곳에 있으면, 매매 가격이 상대적으로 높다. 이런 입지에 있는 공장 건물은 용도에 맞게 임차인이 증·개축하여 즉시 이용할 수 있고, 임대인인 공장이나 기업소는 경영 자금을 쉽게 확보할 수 있어 가치가 높다. 이런 곳을 누이 좋고 매부도 좋다는 뜻에서, 일명 '더 벌이'라고 부른다. 상황이 이러하다 보니 지방인민위원회 산하 공장들에서는 생산용 건물의 일부까지도 최대한 많이 임대하는 데 이르렀다. 이 과정에서 공장 간부들은 자기 몫을 챙기기도 하는데, 그것이 가능한 이유는 임대차 계약이 '다운계약' 형태로 이루어져 실제 계약금과 차이가 나서 부정하게 돈을 챙겨도 잘 드러나지 않기 때문이다.

이처럼 북한 지역의 부동산 가격 결정에 영향을 미치는 요인은 남한 지역과 다르다. 그렇지만 최근 남한의 부동산 정책이 정부의 의도대로 되지 않는 것처럼 북한도 부동산 거래의 통제에 애를 먹고 있다. 북한은 2002년 '7.1 경제조치' 이후 종합시장에서의 "한도 가격제" 운영을 통해 시장의 전반적인 가격을 통제하고 물가 상승을 강력하게 억제하고 있으나, 부동산 시장은 이러한 통제에서 완전히 벗어나 있다. 그 이유는 부동산 거래에서 매도자와 매수자 간의 자율적인 가격제가 비공식적이지만 시장에서 통용되고 있어 이미 국가의 통제가 어려운 지경이다. 개혁 개방을 진행한 사회주의 국가들의 부동산 시장이 기득권층과 상인 간 공생 관계에 기반해 사회 전반의 시장화를 촉진하는 데 이바지한 점을 생각하면 앞으로의 북한 경제의 변화에 시사하는 바가 적지 않다.

남북하나재단 부장 **김영희**

부동산 경매

不動産競賣

법원에서 채무자의 부동산을 압류한 다음 경매하여 그 대금으로 채권자의 금전 채권을 충당하는 강제 집행.

남한과 사회 체제가 다른 북한에서는 이 용어가 쓰이지 않는다.

더 알아보기

남한에서 부동산 경매 절차는 강제경매와 임의경매의 두 가지가 있다. 이 중 강제경매의 절차는 다음과 같다.

① 부동산 경매는 해당 서류를 구비하여 해당 부동산이 있는 곳의 지방법원에 신청한다.

② 법원은 경매신청서가 접수되면 그 신청서와 첨부서류를 검토해서 경매개시 여부를 결정하는데, 경매를 개시하는 결정을 하는 경우에는 등기관에게 경매개시 결정의 등기를 촉탁한다.

③ 특히, 강제경매인 경우에 법원은 경매절차를 개시하는 결정과 동시에 해당 부동산의 압류를 명해야 한다.

④ 경매개시 결정을 하면 법원은 해당 부동산을 매각하기 위한 조치를 실시한다.

⑤ 법원은 해당 부동산을 기일입찰의 방법으로 매각할 것인지, 기간입찰의 방법으로 매각할 것인지를 정한다.

⑥ 법원은 직권으로 매각기일과 매각결정기일을 정해서 이해관계인에게

통지하고 법원게시판, 관보·공보 또는 신문이나 전자통신매체를 이용해서 공고한다.

⑦ 법원에서 지정한 매각방식에 따라 입찰자는 기일입찰 또는 기간입찰에 참여한다.

⑧ 입찰이 마감되면 집행관은 입찰한 사람을 참여시킨 상태에서 입찰표를 개봉한다.

⑨ 개찰 결과 최고가로 매수의 신고를 한 사람이 있으면 집행관은 그 최고가매수신고인의 성명과 그 가격을 부르고, 차순위매수신고를 최고催告한 뒤 적법한 차순위매수신고가 있으면 차순위매수신고인을 정해 그 성명과 가격을 부른 다음 매각기일을 종결한다고 고지한다.

⑩ 매각기일에 최고가매수신고인이 정해지면 법원은 매각결정기일을 열어 이해관계인의 의견을 듣고 법에서 정한 매각불허가 사유가 있는지를 조사해서 매각허가결정 또는 매각불허가결정을 한다.

⑪ 법원의 매각허가 여부의 결정에 따라 손해를 보는 이해관계인은 그 결정에 대해 즉시 항고할 수 있으며, 매각허가에 정당한 이유가 없거나 결정에 적은 것 외의 조건으로 허가해야 한다고 주장하는 매수인 또는 매각허가를 주장하는 매수신고인 역시 즉시 항고할 수 있다.

⑫ 매각허가결정이 확정되면 매수인(낙찰자)은 법원이 정한 매각대금의 지급기한 내에 매각대금을 지급해야 한다.

⑬ 매수인은 매각대금을 모두 낸 때에 매각의 목적인 권리를 취득한다.

⑭ 매수인이 매각대금을 지급하면 법원은 배당절차를 밟아야 한다.

용 례 {부동산 경매에} 입찰하다. / 그러나 대항력이 없는 상태로 {부동산 경매가} 진행되면 주택의 낙찰대금은 권리자의 선순위대로 배당되기 때문에 선순위자가 많으면 보증금 일부 또는 전액을 못 받을 수도 있습니다.《머니투데이, 2022년 1월 8일》 / 과거 시세 대비 싼값에 주택을 마련할 수 있어 투자자들이 몰렸던 {부동산 경매} 시장에 실수요자의 손이 뻗친 것으로 분석된다.《화이트페이퍼, 2021년 2월 3일》

관련어 강제경매, 임의경매.

출 전 대한민국법원 법원경매정보(https://www.courtauction.go.kr)
찾기쉬운생활법령정보(https://easylaw.go.kr)
미래와경영연구소(2018), 『부동산용어』, 미래와경영.

《 부동산 경매 절차-강제 경매 절차 중심 》

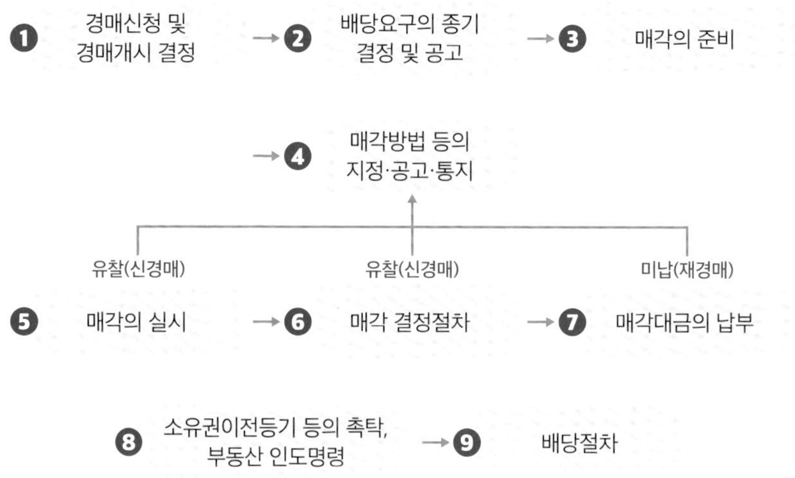

출처: 대한민국법원 법원경매정보(https://www.courtauction.go.kr)

집필자 이시우

부동산 계약

不動産契約

부동산에 대해 당사자 한쪽이 재산권을 상대방에게 이전하기로 약정하고, 상대방은 그 대금을 지급하기로 약정함으로써 효력이 발생하는 계약.

한편, 북한에서는 원칙적으로 사적인 부동산 거래를 허용하지 않는다. 따라서 개인이 사적으로 '부동산 계약'을 할 수 없는 체제이다.

더 알아보기

남한에서는, 먼저 등기부등본을 떼어 서류에 문제가 없는지 확인을 한 후 부동산매매계약서를 작성하여 계약을 진행한다. 부동산매매계약서를 작성할 때에는 건축물대장을 기준으로 작성한다.

집 매매의 경우에는 '계약금 - 중도금 - 잔금'의 순서로 진행되어 계약 단계의 신뢰성을 높인다. 이는 법으로 꼭 정해져 있지는 않지만 위험을 줄이기 위한 계약의 형태로 보통은 집 전체 금액의 10%를 계약금, 60%를 중도금, 30%를 잔금으로 지불하는데, 정해진 것은 아니기 때문에 때에 따라 계약당사자가 합의하여 바꾸면 된다.

계약금은 말 그대로 계약을 위해 약정하는 금액으로 계약금을 지불할 때에는 매도인과 매수인의 신분증과 함께 계좌번호와 계약금 정도가 필요하다. 매도인의 신분증은 서류와의 대조를 위해 필요하며, 꼭 인감도장이 아니더라도 자필 서명·막도장 등도 사용이 가능하다.

중도금을 지급하기 전에 등기부등본을 다시 세밀히 확인해야 한다. 특히 계약을 한 이후에 건물이나 땅에 대해서 중요한 권리변동이 생겼는지도 직접 확인해야 하며, 저당권이 설정되거나 가압류가 있는지 여부도 반드시 확인해야 한다. 중도금을 치를 때에도 별도의 서류가 필요하지는 않다.

잔금을 치르며 등기 이전을 할 때에는 계약서 원본, 신분증이 반드시 필요하다. 이에 더불어 부동산을 사는 사람은 주민등록등본, 가족관계증명서가 필요한데, 주민등록등본은 전 세대원의 주민등록번호가 표시되어야 하며, 계약 이후 주소가 변경되었다면 이력이 포함된 초본이 필요할 수도 있다. 또한 가족관계증명서는 '일반'이 아닌 '상세'로 지정하여 모든 가족들의 주민번호가 공개되도록 설정하여 발급받아야 한다. 부동산을 파는 사람은 등기권리증, 인감도장, 매도용 인감증명서가 필요한데, 혹시 전세를 끼고 계약을 할 때에는 전세 계약서를 첨부해야 하고 각종 공과금 정산서 등도 추가로 필요하다.

○ 용 례 {부동산 계약을} 파기하다. / 과거와 다르게 {부동산 계약} 후, 미등기 기간이 3년을 초과하면 부동산 실권리자명의 등기에 관한 법률에 의거 부동산평가액 30% 범위에서 과징금이 부과될 수 있다.《뉴스1, 2022년 1월 15일》 / 이외에도 이 후보는 금융 시스템과 연계해 {부동산 계약} 시 근저당권 설정 진행 여부까지 확인할 수 있도록 하겠다는 방침이다.《서울경제, 2022년 1월 6일》

○ 관련어 등기부등본, 건축물대장, 부동산매매계약서, 계약금, 중도금, 잔금.

○ 출 전 찾기쉬운생활법령정보(https://easylaw.go.kr)

○ 집필자 이시우

북한의 부동산 중개인

'집'은 인간이 살아가는 삶터이고 일터이고 쉼터라 할 수 있다. 그만큼 '집'은 인간의 생활에서 없어서는 안 될 중요한 요소이다. 이러한 이유로 어느 나라에서나 집과 관련된 부동산 정책은 주민들이 깊은 관심을 가지고 주시하게 된다.

사회주의 국가인 북한은 공식적으로는 모든 부동산을 국가가 관리하는 체제이다. 개인은 국가 소유의 부동산을 국가의 허락하에서 이용할 권리만 가질 수 있다. 그러니 개인이 원칙적으로 부동산을 매매하거나 처분할 수 없다. 참고로 북한의 부동산 개념에는 지하자원, 산림자원, 수산자원 같은 '자연 부원' 즉 천연자원도 포함된다. 그렇기 때문에 북한에서는 부동산 거래가 있을 수 없고 주민들도 부동산에 관심을 가질 필요도 없을 것이다. 그뿐만 아니라 아파트나 건물, 토지 등을 팔려는 사람과 사려는 사람 간의 매매와 교환, 임대 등을 중개하는 역할을 하는 부동산 중개인이라는 직업도 없어야 할 것이다.

하지만 2000년대에 접어들면서 북한에는 '부동산 사용료 관련 납부 규정(2002년)'이 만들어졌고, 2009년에는 '부동산관리법(2009년)'까지 새로 제정되었다. 이는 1990년대의 경제난 이후 부동산에 대한 북한 당국의 인식이 변화하고 있다는 증거이다. 북한도 점진적으로 부동산을 경제적 관점에서 접근하면서 2003년부터는 모든 기관, 기업소, 협동농장, 군부대는 물론 개인도 토지 사용료를 납부하도록 제도화하였고, 2006년부터는 모든 부동산으로 확대하여 국가 소유의 건물도 부동산 사용료를 징수하고 있다.

특히 경제난 이후 개인 간의 주택 암거래가 활발히 진행되고 있다는 점도 중요한 변화이다. 북한에서 주택은 대부분 국가와 사회협동단체의 소유로 국가나 공장, 기업소가 개인에게 주택을 배정하는데, 특이한 경우가 아니면 자녀에게 대를 물리며 그 주택에서 계속 살 수 있다. 이러한 사정에도 불구하고 주택의 매매가 실제로 광범히 이뤄지고 있는 이유는 경제난 이후 국가가 양질의 주택을 충분히 공급하지 못하는 일이 지속되자 주민들 스스로가 수요자가 되고 공급자가 되어 자체로 해결하려는 시도가 생겨난 것이다. 더구나 시간이 흐르면서 파는 사람과 사는 사람의 중간에서 양측에 관련 정보를 제공하고 원만한 매매를 돕는, 남한의 부동산 중개인과 유사한 역할을 하는 사람들이 북한에도 생겨났다. 북한 주민들의 표현을 그대로 옮기면 '주택 거간꾼', 또는 '집데꼬'이다. 북한에서는 원칙적으로는 여전히 주택 매매가 불법이고 주택 매매를 중개하는 것도 불법이므로, '주택 거간꾼'들은 중개사무실을 차리고 공개적으로 중개하는 것이 아니라 음성적으로 매매를 주선周旋하는 형태를 취하는 것이 현실이다.

'주택 거간꾼'들은 매매 대상 주택의 구체적인 조건과 가격 등을 미리 파악하고 판매자와 구매자를 서로 연결해 주며, 구매자의 주택 방문을 현장에서 돕기도 한다. 또한 수요자의 요청에 따라 가격 흥정을 대신하기도 한다. 이들이 받는 수수료의 액수는 공식적으로 정해진 것이 없다 보니 중개인이 양측과 사전 합의로 정하는데, 보통 주택 매매대금의 5~10%에 이르는 것으로 보인다.

최근 북한의 '주택 거간꾼'들은 판매자와 구매자들을 더 많이 확보하기 위해 자신을 홍보하기도 하며, 수익 증대를 위해 그들 간의 상호 교류도 활발히 하는 것으로 알려져 있다. 최근에 탈북한 한 주민의 말에 따르면, 탈북하기 직전에 '주택 거간꾼'이 자기 전화번호를 알려 주면서 '좋은 위치, 좋은 조건의 집을 많이 확보하고 있다'며 홍보했다고 한다. 평양시의 경우, '주택 거간꾼'들은 매일 시내의 특정한 장소에 모여 상호 정보를 교류하고 수요자도 직접 만난다고 한다. 일반 주민도 그곳에 가면 여러 거간꾼으로부터 자신이 원하는 주택에 대한 다양한 정보를 얻을 수 있다는 것이다. 한마디로 남한의 공인중개사무소와 같은 역할을 하는 장소인 셈이다.

2013년 한때 북한 당국은 개인 간의 주택 매매를 차단하기 위해 주택거래소를 등장시켜 주택 매매를 '합법화'하는 모양새를 갖추기도 하였으나, 장성택의 처형과 함께 다시 사회주의 체제를 공고히 하는 과정에서 주택거래소를 모두 없앴다. 그렇지만 북한에서는 부동산 거래가 여전히 음성적으로 이뤄지고 있으며, 특히 주택은 각 개인의 경제력과 능력을 과시하고 인정받는 대상으로 간주되어 암암리에 꾸준히 거래되고 있는 것이 현실이다.

L&P Pacific 연구원 **오영철**

부동산 담보대부

不動産擔保貸付, Immovable Security Loan 북

북한에서, 은행이 부동산을 담보물로 잡고 하는 대출. 남한에서는 이와 비슷한 말로 '부동산 담보대출'이라는 용어가 쓰인다.

더 알아보기

북한의 『거울사전 2.0』(2017)에서는, 부동산을 대부의 담보물로 받을 때의 주의 사항으로 다음을 제시하고 있다.

① 소유권의 조사: 등록부에 소유권자로 기재되어 있어도 무권리자라면 부동산에 담보를 설정하여도 그 담보권은 무효로 된다. 이 때문에 담보권설정자 및 그 이전 소유권자의 소유권 취득 원인을 조사하여야 하며 특히 최근의 권리취득자에 대하여 조사해야 한다.

② 처분권한의 조사: 담보권의 설정은 법률행위이다. 그러므로 설정자의 행위능력, 대리인일 때에는 대리권의 유무, 담보 설정에 대한 법률상의 제한, 이해관계 등을 조사해야 한다.

③ 물건의 현지 조사: 물건의 실제적 사용자는 누구인가, 제3자가 점유하고 있지 않는가, 그 점유는 임대차에 의한 것인가 불법적인 점거에 의한 것인가 하는 것을 현지 조사하여야 한다. 이러한 내용은 등록부에 기재되지 않을 뿐만 아니라, 등록부에 기재되었다 하더라도 그 내용이 사실이 아닐 수 있으므로 현지 조사를 통하여 사실과 맞는가를 따져보아야 한다.

④ 등록조사: 등록부에서 해당 부동산 등록 내용이 사실과 맞는가를 따져 보아야 한다. 담보물을 확인하기 위해서는 설정자로부터 토지건물의 명세, 도면구조, 그 밖의 고정재산세평가증명서 등을 받은 다음 상기 등록부와 현물을 대조하거나 설정자 본인을 직접 만나 담보권을 설정하려는 대상물이 현존하고 있는가를 확인하는 것이 중요하다.

관련어 부동산 담보대출.

집필자 이시우

부동산 등기

不動産登記, Immovable Registration

부동산에 관한 권리관계를 일반에 공시하려고 등기부에 기재하는 일. 등기관이 법적 절차에 따라 등기부에 부동산의 현황이나 부동산에 관련된 일정한 권리관계를 기재하는 것이다.

북한의 부동산 등기 개념은 남한과 차이가 있다. 북한의 『거울사전 2.0』(2017)에 따르면, '부동산 등기'를 "부동산에 관한 권리관계를 사회 일반에 알리는 등기"라고 뜻풀이하고 있다. 또한 부동산 등기에는 토지나 건물에 대한 소유권, 이용권, 선취득권, 전당권, 저당권, 임차권, 채석권 등 부동산과 관련한 모든 등기가 속한다고 하며, 자본주의 나라들에서 부동산 등기는 부동산 거래의 안전을 보호하기 위한 중요한 제도라고 설명하고 있다.

더 알아보기

남한에서의 부동산 등기는 당사자의 신청이 있을 경우에 비로소 등기 절차가 개시된다. 또한 부동산 등기는 등기권리자와 등기의무자 또는 대리인이 공동으로 신청해야 한다.

부동산 등기의 절차는 아래와 같다.

《 등기 신청 접수 절차 》

❶ 신청

상속, 매매계약, 증여계약, 임대차계약, 지상권 설정계약
근저당권설정계약, 가등기 계약 등이 원인사유가 됩니다.

❷ 필요서류준비

- 시, 군, 구청: 토지대장등본, 건축물대장등본, 주민등록등(초)본, 등록세납부고지서, 검인 등을 준비합니다.
- 은행: 등록세영수필확인서, 국민주택채권매입, 인지 대법원등기수입증지 등을 구입합니다.

❸ 신청서 작성

〈대법원인터넷등기소-등기신청양식〉에서 신청서 양식을
다운로드 받아 작성하시면 됩니다.

❹ 관할등기소 찾기 및 방문

❺ 등기수입증지 첨부

대법원등기수입증지는 등기소나 등기소 주변의 은행에서 구입해
신청서를 붙이면 됩니다.

❻ 신청서 제출

신분증을 지참하고 관할등기소 세무계에 제출합니다.

❼ 등기필정보통지서 또는 등기완료 통지서 수령

대법원인터넷등기소의 신청사건 처리현황을 통해 등기가 완료된 것을 확인 후
등기소에 방문해 등기필정보통지서 또는 등기완료를통지서를 받습니다.

❽ 등기필정보통지서 또는 등기완료 통지서 수령

등기가 완료된 후 등기사항증명서를 발급받아 신청사항이 제대로
등기되었는지 확인합니다.

출처: 대한민국법원 법원경매정보(https://www.courtauction.go.kr)

용 례 {부동산 등기를} 신청하다. / {'부동산등기'란} 부동산의 귀속과 그 귀속의 형태를 외부에서 인식할 수 있도록 공시하는 방법을 말합니다.《데일리팝, 2021년 9월 14일》 / 리플릿에는 등기신청 절차 및 구비서류, 정부수입인지, 국민주택채권 매입비율표, 취득세 신고 구비서류, 취득세 세율표 등의 내용을 담아 {부동산 등기} 신청 관련 사항을 누구나 쉽게 확인할 수 있다.《브릿지경제, 2021년 5월 21일》

관련어 등기부등본, 등기필증.

출 전 국가국어사정위원회·통계정보기술교류사(2017), 『거울사전 2.0』.
미래와경영연구소(2018), 『부동산용어』, 미래와경영.
상식연구소(2021), 『부동산용어사전 1252』, 서원각.
찾기쉬운생활법령정보(https://easylaw.go.kr)

집필자 이시우

부동산 사용료

不動産使用料 북

북한에서, 국가 소유의 부동산을 이용하는 대가로 국가에 내는 요금. 부동산 사용료는 농업토지 사용료, 부지 사용료, 건물 사용료, 증식장 사용료, 어장 사용료, 도로 사용료, 주차장 사용료 등의 항목으로 구분한다.

더 알아보기

북한의 『거울사전 2.0』(2017)에 따르면, 부동산 사용료는 일반적으로 부동산 가격에 대한 일정한 비율로 정해진다.

농업토지 사용료는 토지 부류별, 지목별, 등급별로 정해진 토지가격에 해당 토지 사용료의 납부 비율을 적용하여 계산한다. 부지에는 기관, 기업소, 협동단체에 등록된 부지와 개인 소유의 주택부지가 모두 포함되는데, 이 부지에 대한 사용료는 부류별, 등급별, 용도별 부지가격에 단위당 사용료 납부 비율을 적용하여 계산한다. 건물에는 기관, 기업소, 단체, 공민이 생산 및 봉사에 이용하거나 보유하고 있는 국가의 투자로 마련된 건물이 모두 포함되는데, 건물 사용료는 건물의 시초가치에 해당 부동산 사용료율을 곱하는 방법으로 계산한다. 증식장 사용료는 수산자원을 증식하는 데 이용되는 증식장과 양어장, 서식장에 대하여 적용하며 총면적에 사용료기준을 곱하여 계산한다. 어장 사용료는 등록된 종류별 선박 수에 선박당 어장 사용료기준을 곱하여 합하는 방법으로 계산하며, 도로 사용료는 독립채산제기업소가 보유하고 있는 차종별 자동차 대수와 대당 사용료기준에 따라 계산한다. 주차장 사용료는 자동차나 자전거를 주차시키는 규정된 장소에 적용한다.

북한에서는 부동산 사용료를 정확히 제정하여 납부 질서를 바로 세우는 일이, 나라의 귀중한 재산인 부동산을 경제의 발전과 인민의 생활에 효과적으로 이용하고 국가의 예산수입을 늘리는 데 중요한 의의를 가진다고 보았다.

용 례 {부동산 사용료가} 오르다. / {부동산 사용료를} 내다.

집필자 이시우

쉬어가기

남북의 부동산 개념과 부동산 사용료

어느 날 신문에서 「20년 점유당한 부동산, 소유권 뺏길 수도」라는 기사를 읽은 적이 있다. 내용인즉, 직장인 A 씨가 은퇴 후 전원생활을 대비하여 10년 전 고향에 땅 300평(약 1,000m²)을 사 두었는데, 땅의 소유권이 이전되기 전부터 그 땅에서 농사를 지어왔던 B 씨가 「등기청구권」을 행사하면서 땅 소유권을 빼앗길 수도 있다는 내용이었다. 이런 분쟁이 가능했던 이유는 "민법 제245조 ① 20년간 소유의 의사로 평온, 공연하게 부동산을 점유하는 자는 등기함으로써 그 소유권을 취득한다."에 근거하여, B 씨가 20년 동안 농사를 지은 것이 점유로 인정되고, 그 결과 「점유취득시효」가 완성된 것으로 간주되었기 때문이다. 이런 문제를 방지하려면 땅 소유자는 반드시 점유자로부터 토지 사용료를 받아야 하며, 땅을 점유만 할 뿐 소유할 마음을 갖고 있지 않다는 내용의 계약서를 받아두어야 한다.

부동산 관련 쟁점은 이 외에도 다양하다. 국·공유지의 경우 국가기관은 부동산 사용이 무제한적으로 허용되지만, 지자체 소방서·경찰서 등의 경우 1년만 무상 혜택이 부여되고 그 이후부터는 사용료가 부과되는 규정으로 논쟁이 되고 있다. 또한 부동산 소유자와 임차인 사이에 사용료를 둘러싼 쟁점도 수시로 발생한다. 그만큼 우리의 일상적인 삶의 곳곳에서 부동산 문제는 늘 상존하고 있다.

부동산의 사전적 정의는 "토지, 건물, 주택처럼 움직여서 옮길 수 없는 재산"이다. 북한에서도 "부동산은 움직여 옮길 수 없는 재산이다."(『조선말대사전』, 사회과학출판사, 2017)라고 정의하고 있다. 이처럼 부동산에 대한 사전적 정의는 남북한이 비슷한 듯하지만, 실제 소유 및 임대, 저당 및 점유권 활용에서는 적지 않은 차이가 있다. 즉, 남한의 자본주의 시장경제에서는 부동산에 대한 소유권·임대권·저당권·점유권 등을 인정하고 있다. 그러나 북한의 사회주의 경제에서는 부동산에 대한 소유권을 원칙적으로 인정하지 않고 임대(사용)만을 허용하고 있다.

북한에서 '부동산 사용료 관련 납부 규정'이 등장한 것은 2002년 7월 31일이다. 1990년대 중반 경제 위기를 극복하는 과정에서 북한은 2002년에 '새로운 경제관리개선조치'를 시행하였고, 이를 계기로 '토지사용료 납부 규정'을 도입하였다. 이에 따라 2006년 11월부터 부동산 가격 책정 조치가 취해지고, 이에 기반하여 대부분의 토지, 협동농장 및 기관·기업소 부지, 개인 경작지에 대한 부동산 사용료를 징수하기 시작했다.

북한은 이후 '부동산관리법(2009년)'을 제정하였다. 동법 제5장 제32조, 제33조에서 '부동산 사용료'를 '부동산을 이용하는 대가로 국가예산에 납부하는 자금'으로 정의하면서, 국가가격제정기관이 부동산 가격을 정하고 이에 따라 부동산 사용료를 정하도록 법률로 규정하였다. 이후 북한은 2007년 최고인민회의에서 당해 연도 예산 수입의 15.4%를 부동산에서 충당한다고 발표하였다. 이처럼 부동산 사용료를 통한 북한의 국가 예산 수입은 관련 법규를 제정한 이래 날로 증가하는 추세이다. 이제 북한 경제에서 부동산 사용료는 '시장 사용료(장세)'와 함께 국가 예산 세입에서 중요한 비중을 차지하는 요소가 되었다.

이러한 상황에 발맞춰 부동산에 대한 북한 주민들의 관심도 커지고 있다. 북한 당국의 부동산 임대 조치에 따라 사실상의 부동산 사유화가 진행되고 있으며, 국가가 책정한 부동산 가격과 부동산 사용료를 뒤로 한 채 부동산 암시장에서는 시장의 원리에 따라 가격이 형성되고 있어 이중 사용료가 책정되고 있는 현실이다. 북한 당국이 규정한 국정 부동산 사용료는 토지 및 건물 가격에 일정 비율을 곱하여 산출된다. 예를 들면 농업 토지 사용료의 경우 '농업토지 사용료=Σ(지목별·등급별 면적×정보당 지목별·등급별 토지가격×부류별·지목별·곡종별·등급별 농업토지사용료율)/100'으로 계산 공식을 쓰고 있다.

그러나 이러한 방식의 부동산 사용료 책정은 공공기관에서 토지, 건물, 시설 등의 사용료를 계산할 때의 경우만으로 국한된다. 개인이 건물을 임대하거나, 주택('살림집')을 매매할 때는 대체로 암시장 가격이 적용된다. 부동산 건설(살림집 건설 및 건물 리모델링)에 투자한 투자자가 그 대가로 주택 몇 채를 분양받으면 부동산 중개인이 등장하여 매수자와의 부동산 거래를 중개한다. 이때 부동산 중개인은 매매가격의 10% 이상(지역별로 차이가 있음)을 수수료로 뗀 후 거래를 성사시킨다. 이처럼 북한에서는 아래로부터의 부동산 암시장이 확산되고 있다. 또한 소토지(개인 경작지) 임대 및 매매도 증가하고 있으며, 시장 매대의 임대 및 매매도 증가하는 추세에 있다.

북한은 부동산 시장을 공식적으로 개장하지는 않고 있다. 이러한 제도적 인프라 구축의 한계를 권력층과 결탁한 신흥 부유층이 이용하면서, 북한의 부동산 암시장은 날로 확산되고 있다. 자본주의 경제에서 일명 '건물주'로 불리는 부동산 소유주가 북한에서도 등극할 수 있는 환경이 마련된 것이다. 실제로 북한 내에는 부동산에 대한 사실상의 소유주가 증가하고, 부동산(건물, 설비 등)을 빌려주고 임차인으로부터 세를 받아 부를 축적하는 부자도 증가하고 있다. 자본주의 시장경제에서 부동산 붐이 일어나 너도나도 투자하여 이것이 다시 위기를 초래하는 그러한 행태가 어쩌면 북한에서 일어날 수도 있겠다.

국립통일교육원 교수 **정은찬**

부동산 취득세

不動産取得稅

지방세의 하나. 매매, 증여, 건축 따위에 의한 부동산의 취득에 대하여 그 취득자에게 매긴다.

북한에는 공식적인 세금이 없는 것으로 알려져 있다. 북한 『거울사전 2.0』(2017)의 '세금제도'라는 표제어에서는, "주민들의 세금부담을 계통적으로 낮추어온 우리 나라에서는 1974년 4월 1일부터 낡은 사회의 유물인 세금제도가 완전히 없어짐으로써 우리 나라는 세계에서 세금없는 첫 나라로 되였다."고 설명되어 있다. 이 사전에도 '부동산 취득세'라는 표제어는 수록되어 있다. 다만, 그 뜻풀이를 "부동산을 취득할 때 그 취득자에게 부과하는 세금. 부동산취득세는 류통세의 일종이다"라고 정의하면서 자본주의 사회에 국한된 것으로 설명하고 있다.

더 알아보기

남한에서는 부동산을 구매하면 '취득세'를 내고, 부동산을 가지고 있으면 '재산세'를 내며, 그 부동산을 팔면 수익에 대해 '양도소득세'를 낸다. 취득세는 부동산을 구입한 사람이 등록세와 더불어 내는 세금이다.

부동산 취득세에는 항상 또 다른 세금이 따라나니는데, 바로 '농어촌특별세'와 '지방교육세'가 그것이다. 취득세만 내는 경우는 거의 없고 이 두 가지가 항상 붙기 때문에, 보통 취득세라고 하면 농특세와 교육세를 합쳐 이야기하는 경우가 많다. 취득세는 부동산을 취득한 날부터 60일 이내에 신고·납부하여야 한다.

취득세를 계산할 때 취득가액은 부동산을 취득한 사람이 신고한 가액으로 하되, 신고를 하지 않거나 신고한 금액이 시가표준액에 미달되거나 신고가액의 표시가 없는 때에는 시가표준액으로 계산한다. 다만 국가 또는 법인 등 사실상 취득가액이 입증되는 거래인 경우에는 사실상의 취득가액에 의하여 계산한다.

《 지방세법 개정 후 취득세율 》

구분	1주택	2주택	3주택	법인·4주택~
조정대상지역	1~3%	8%	12%	12%
非조정대상지역	1~3%	1~3%	8%	12%

✪ 적용례 ① 1주택 소유자가 非조정대상지역 주택 취득시 세율: 1~3%
② 1주택 소유자가 조정대상지역 주택 취득시 세율: 8%
③ 2주택 소유자가 非조정대상지역 주택 취득시 세율: 8%

출처: 행정안전부(https://www.wetax.go.kr/) 보도 자료

● 용 례 {부동산 취득세를} 내다. / {부동산 취득세를} 감면하다. / 그러면서 "무주택자가 생애 최초로 주택 구입 시 금융 제한을 완화하고 {부동산 취득세를} 감면해 세금 부담을 줄이겠다"면서 "월세 세액공제를 확대해 두 달치 월세를 지원하고, 최대 5년 뒤까지 이월해 공제를 신청할 수 있도록 하겠다"고 했다.《조선비즈, 2022년 1월 22일》 / {부동산 취득세가} 취득세의 대부분을 차지하는 점을 고려하면 지난해 취득세 징수액 급증은 주택 거래 증가의 영향인 것으로 풀이됩니다.《SBS비즈, 2021년 3월 1일》

● 관련어 양도소득세, 등록세, 종합부동산세.

● 출 전 국가국어사정위원회·통계정보기술교류사(2017), 『거울사전 2.0』.
국세청(2021), 「생활세금 시리즈」.
국세청·행정안전부(2021), 「주택과 세금」.
네이버 지식백과: 시사상식사전(박문각), https://terms.naver.com/entry.naver?

docId=6082787&cid=43667&categoryId=43667
미래와경영연구소(2018), 『부동산용어』, 미래와경영.
상식연구소(2021), 『부동산용어사전 1252』, 서원각.
집필자 이시우

부동산

不動産, Real Estate

토지나 건물 등과 같이 옮길 수 없는 재산. 「민법」에서는 부동산을 '토지 및 그 정착물'로 정의하고 있다. 여기서 '정착물'이란 원래는 분리된 동산動産이었으나 토지에 단단하게 설치되거나 부착되어 부동산의 일부가 된 물건을 말한다. 건물이나 공작물, 수목의 집단, 농작물 등이 그 예이다.

한편, 북한의 『거울사전 2.0』(2017)에서는 '부동산'을 "토지와 그에 부착되여 움직일수 없는 재산. 동산에 대응되는 개념이다. 재산은 크게 동산과 부동산으로 구분한다. 부동산은 사람이 자기의 의사대로 옮겨놓을수 있는 재산인 동산과는 달리 일정한 지역에 고착되여있으면서 쉽게 움직일수 없는 재산이다."라고 설명하고 있다.

더 알아보기

「민법」에 규정된 '토지 및 그 정착물'을 좁은 의미의 부동산이라고 한다. 좁은 의미의 부동산과 공장재단, 광업재단, 선박, 입목, 항공기·자동차·건설기계, 어업권 등의 의제부동산(준부동산이라고도 한다)을 합하여 넓은 의미의 부동산이라고 한다.

《 넓은 의미의 부동산 》

<table>
<tr><th colspan="2">좁은 의미의 부동산</th><th>의제부동산(준부동산)</th></tr>
<tr><td colspan="2">토지</td><td rowspan="3">• 입목 • 공장, 공장재단
• 광업권, 광산, 광업재단 • 어업권
• 선박 • 중기 • 자동차
• 항공기 등 • 입목 • 공장, 공장재단
• 광업권, 광산, 광업재단 • 어업권
• 선박 • 중기 • 자동차
• 항공기 등 • 입목 • 공장, 공장재단
• 광업권, 광산, 광업재단 • 어업권
• 선박 • 중기 • 자동차
• 항공기 등</td></tr>
<tr><td colspan="2">정착물</td></tr>
<tr><td>• 건물</td><td>• 공작물
• 수목의 집단과 농작물</td></tr>
<tr><td colspan="3">출처: 이창석(2014), 『알기 쉬운 부동산학개론』, 형설출판사</td></tr>
</table>

○ 용 례 {부동산} 매매. / {부동산} 임대. / {부동산에} 투자하다. / 내부 정보를 이용해 {부동산} 투기를 한 혐의로 재판에 넘겨진 청도군 공무원들에게 징역형이 선고됐다.《뉴시스, 2021년 12월 9일》

○ 반의어 동산(動産).

○ 관련어 정착물, 의제부동산, 준부동산.

○ 출 전 「민법」(법률 제17905호, 2021. 1. 26.).

국가국어사정위원회·통계정보기술교류사(2017), 『거울사전 2.0』.

안정근(2014), 『현대부동산학[제5판]』, 양현사.

이창석(2014), 『알기 쉬운 부동산학개론』, 형설출판사.

장희순·김성진(2020), 『부동산용어사전』, 부연사.

○ 집필자 박상훈

분양가상한제

分讓價上限制, Price Regulation of Apartments

공동주택을 분양할 때, 국토교통부령이 정하는 기준에 따른 분양 가격 이하로 공급해야 하는 제도. 특히, 아파트 분양가를 안정시켜 주택 공급을 원활하게 하려는 제도이다. 토지 비용(택지비)과 정부가 정한 기본형 건축비에 가산 비용을 더해 분양가의 상한선을 결정한다. 기본형 건축비는 6개월마다 조정된다.

남한과 사회 체제가 다른 북한에서는 이 용어가 쓰이지 않는다.

더 알아보기

분양가상한제와 유사한 제도로 '분양원가연동제'가 있다. 이 제도는 1989년 처음 시행되었으나 1999년 분양가 자율화 조치로 사라졌다가 이후 2005년 8·31 부동산 대책의 후속 조치로 판교신도시부터 다시 적용되었다. 분양원가연동제는 공공택지를 공급받아 건설·공급하는 공동주택에만 실시되었으나 2007년 「주택법」 개정으로 분양가상한제로 바뀌면서 민간택지에도 확대되어 적용되고 있다.

2021년 12월 현재, 분양가상한제를 적용받는 민간택지 대상 지역은 서울 18개 구(강남·서초·송파·강동·영등포·마포·성동·동작·양천·용산·서대문·중·광진·강서·노원·동대문·성북·은평) 내 309개 동과 경기 과천·광명·하남 등 3개 시 13개 동이다. 분양가상한제가 적용되는 공동주택의 청약에 당첨되면 해당 주택에 일정 기간 동안 의무적으로 거주해야 한다. 또한 최대

10년 이내 법으로 정하는 기간 동안 분양권을 포함하여 해당 주택을 팔 수 없다.

○ 용 례 {분양가상한제를} 실시하다. / {분양가상한제를} 적용하다. / … 민관 합작 도시개발사업 택지에 {분양가상한제를} 적용하는 주택법 일부개정법률안이 9일 국회 본회의를 통과했다.《뉴스1, 2021년 12월 9일》 / {분양가상한제가} 적용되는 아파트의 분양가격을 산정할 때 지자체마다 제각각이었던 심사 기준과 인정 항목 등이 구체화된다. 지자체는 기본형 건축비를 임의로 조정할 수 없으며, 가산비도 권장 조정률에 따라 조정하게 된다.《경향신문, 2021년 11월 8일》

○ 관련어 분양원가연동제, 전매제한.

《 분양가상한제에 의한 분양가격 산정 》

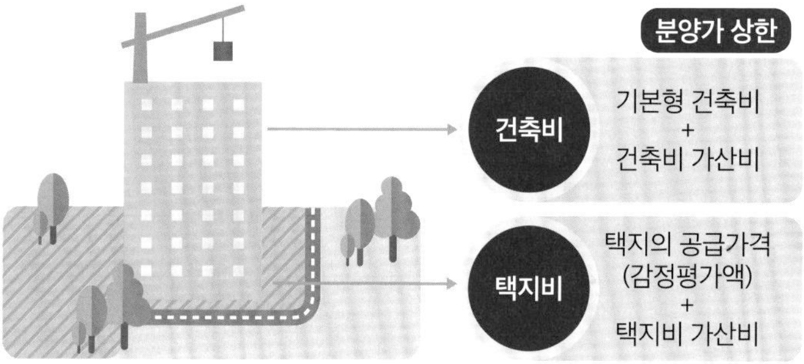

출처: 서울특별시 알기 쉬운 도시계획 용어, https://urban.seoul.go.kr/view/mainPop/term.pop?type=add

○ 출 전 「공동주택 분양가격의 산정 등에 관한 규칙」(국토교통부령 제882호, 2021. 8. 27.).

「주택법」(법률 제16870호, 2020. 1. 23.).

네이버 지식백과: 시사상식사전(박문각), https://terms.naver.com/list.naver?cid=43667&categoryId=43667

서울특별시 알기 쉬운 도시계획 용어, https://urban.seoul.go.kr/view/mainPop/term.pop?type=add

○ 집필자 박상훈

분양면적

分讓面積, Distribution Area

공동주택에서 전용면적과 공용면적을 합한 면적. 아파트의 경우 전용면적에 주거공용면적을 합한 면적을 가리키고, 오피스텔의 경우는 전용면적에 전체 공용면적을 합한 면적을 가리킨다. 분양가를 산정하는 기준이 된다.

남한과 사회 체제가 다른 북한에서는 이 용어가 쓰이지 않는다.

더 알아보기

분양면적과 유사한 개념으로 '공급면적'과 '계약면적'이 있다. 공급면적은 전용면적과 주거공용면적을 합친 것을 말하며, 계약면적은 공급면적과 기타 공용면적을 합친 것을 말한다. 계단, 복도, 엘리베이터 등 지상층에 있는 공동주택의 공용면적을 주거공용면적이라고 하고, 주거 공용면적을 제외한 지하층, 관리사무소, 노인정 등을 기타 공용면적이라고 한다.

아파트의 경우에는 대체로 공급면적을 분양면적으로 표기하고, 오피스텔의 경우에는 계약면적을 분양면적으로 표기한다. 기준이 서로 다른 이유는 적용되는 법이 각기 다르기 때문이다. 아파트에는 「주택법」이 적용되고 오피스텔에는 「건축법」이 적용된다. 이러한 이유로 분양면적이 같아도 오피스텔보다 아파트가 더 넓어 보이는 경우가 많다.

용 례 개정안은 오피스텔의 {분양면적을} 산정할 때 기준선을 아파트 등 공동주택과 마찬가지로 건축물 외벽의 내부선(안목 치수)으로 삼도록 했다.《뉴데일리경제,

2014년 11월 25일》 / 차량을 1대 소유하고 있는 아파트 입주민이 자신에게는 {분양면적에} 비례한 1.5대 분의 공용주차장 면적에 대한 권리가 있다고 주장하며 입주자대표회의를 상대로 사용하지 않은 0.5대 분의 주차장 사용료를 돌려달라는 부당이득금 반환 소송을 냈지만 항소심에서도 패배했다.《한국아파트신문, 2016년 12월 14일》

관련어 공용면적, 전용면적, 공급면적, 계약면적, 서비스면적.

《 아파트·오피스텔 분양 면적 비교 》

	아파트	오피스텔
근거법	주택법	건축법
실사용 면적	전용+서비스 면적	서비스 면적 없음
분양 면적	공급 면적(전용+주거 공용)	계약 면적(공급+기타 공용)
전용률	80% 안팎	50% 안팎
m^2당 분양가	분양가/공급 면적	분양가(공급+기타 공용 면적)

출처: 아시아경제(2021.4.28.), https://view.asiae.co.kr/article/2021042309474036003

출 전 네이버 지식백과: 시사경제용어사전(기획재정부), https://terms.naver.com/list.naver?cid=43665&categoryId=43665

네이버 포스트: 국토교통부, https://post.naver.com/my.naver?memberNo=5113437

부동산 정보 포털 사이트 씨:리얼(한국토지주택공사), https://seereal.lh.or.kr

집필자 박상훈

살림집

살림을 하는 집.

북한의 『거울사전 2.0』(2017)에서는 '살림집'을 "사람들이 세대별로 가정생활을 할수 있게 건설한 집. 살림집은 세대수배치에 따라 한세대살림집과 여러세대살림집으로, 뜰리용조건에 따라 개별뜰형과 공동뜰형살림집으로, 평면특성에 따라 퇴마루형, 현관형, 쎅찌야형, 바깥복도형, 중간복도형 및 혼합형살림집으로, 건설지역의 특성에 따라 도시형, 농촌형살림집으로, 층수에 따라 단층, 소층, 다층, 고층, 초고층살림집 등으로 나눈다. 이밖에도 겉모양, 시공방법, 기본구조재료, 구조도식, 특징적인 건축적 및 구조적해결상태 등 여러가지 측면에 따라 나눈다. 살림집은 보통 살림방, 위생실, 창고 등으로 구성된다. 살림집은 대량건설대상이다. 그러므로 특수한 대상을 제외하고는 거의 설계를 표준화한다."고 설명하고 있다.

남한에서의 '살림집'은 '생활을 하는 집'의 의미가 큰 반면, 북한의 '살림집'은 '주거하는 집의 형태'의 의미가 더 크다.

더 알아보기

북한에서는 최초의 살림집을 '움집'으로 보면서, 사람들이 자연과 사회를 개조하고 이용하는 창조적 능력이 높아짐에 따라 반움집 단계를 거쳐 지상가옥으로 발전되었다고 보고 있다. 북한 『거울사전 2.0』(2017)의 '살림집'에 대한 뜻풀이를 간략히 요약하면 다음과 같다.

"원시 및 고대 사회로부터 형성하여 발전해 온 우리나라 살림집은 평면 구성의 측면에서 보면 대체로 남북으로 길게 가로 놓인 산줄기를 분수령으로 하여 동해안 일대에는 '량통류형', 서해안 일대에는 '외통류형'의 유형으로 분포되어 있었다. '외통류형'의 살림집은 한 용마루 아래 부엌, 아랫방, 윗방 등 생활공간을 외줄로 배치한 형태의 집으로서 이 유형의 집들에는 몸채만으로 된 외채집, 몸채와 부속건물을 평행하게 배치한 쌍채집, 방과 경리시설을 붙여서 ㄱ, ㄷ자 모양으로 배치한 꺾음집, 정방형으로 된 똬리집이 있었다. '량통류형'의 살림집은 한 용마루 아래 방들이 두 줄로 배치된 집으로서 여기에는 부엌이 있는 량통집과 봉당이 있는 량통집, 세겹집이 있었다. 우리나라 살림집의 유형과 형태에는 일정한 지역적 특성이 있으나 그 기본형식과 방들의 배치와 형태와 용도에서는 많은 점에서 같다. 그것은 우선 그 어느 유형의 주택을 막론하고 다 나무로 지은 기둥과 보를 갖춘 주택이라는 것이다. 다음으로 우리나라의 살림집은 모두 부엌과 살림방이 직접 연결되어 있으며 그 살림방들은 아랫방, 윗방으로 연이어 배치되어 있다. 이것은 우리나라 살림집이 온돌을 이용한 난방 체계를 사용하고 있음과 관련이 있다. 그러므로 부엌과 살림방을 연이어 배치한 것은 합리적이었다. 매 살림방의 바닥에는 깔개를 깔거나 장판을 하고 좌식생활을 하게 되어 있다. 벽체는 흙벽이고 지게문을 비롯한 각종 문과 창의 기본형태도 같고 또 문에 창호지를 바르며 문은 채광을 겸하는 것도 모든 주택에서 공통적인 특성이다. 또한 주택의 장식은 수예품, 춘첩자, 서화, 목각 등에 나타났는데 그 내용은 대체로《장생불로》,《부귀다남》을 비롯한 행복과 장수를 염원하는 내용으로 일관되어 있었다. 이러한 장식과 내용은 우리 민족의 공통한 생활감정을 그대로 반영한 것이었다."

광복 이후 북한의 살림집은 시대적 조건에 맞게 바뀌었는데, 그 대표적인 형태가 인민들에게 무상으로 보급된 ‘문화주택’이다.

용 례 아담한 {살림집}. / {살림집을} 짓다./ 유격구에서는 적기가 폭격을 해도 피해를 입지 않게 중요기관들과 유격대지휘부, 병원, 학교와 {살림집들은} 하늘에서 눈에 띄지 않는 골짜기와 산기슭 또는 수림속에 배치하였다.《조선말대사전, 불멸의 자욱을 따라》

동의어 사택(私宅), 주택.

집필자 이시우

남북은 주택의 개념, 분류가 다르네요.

남한의 주택은 주택법과 건축법, 소유 형태 등에 따라 아파트, 연립주택, 다세대주택, 단독주택, 다가구주택, 오피스텔, 개인주택, 국민임대주택, 민영임대주택 등으로 다양하게 구분된다. 이에 비해 1 가구 1 주택의 분배 원칙이 지켜지는 북한의 주택 구분은 단순한 편이다. 북한에서는 주택을 보통 '살림집'이라고 하는데, 크게 소유 형태와 건축 형식에 따라 구분한다.

우선 소유 형태에 따른 주택은 '국가 소유 주택', '사회협동단체 소유 주택', '개인 소유 주택'으로 구분된다. 북한에서 가장 많은 비중을 차지하는 주택은 '국가 소유 주택'이다. 국가 소유 주택은 '국가가 소유하고 관리하며 국가의 허가를 받아야만 개인이 살 수 있는 주택'으로, 남한의 '영구임대주택'과 유사한 개념이다. 하지만 재산 등의 자격 요건을 따지거나 계약 기간에만 거주할 수 있는 남한의 임대주택과는 달리, 북한의 국가 소유 주택은 국가로부터 사용 허가를 받은 개인이 보증금 없이 일정한 사용료만 내면 기한의 제한 없이 거주할 수 있다. 실지로 국가가 발급하는 '살림집리용허가증(입사증)'에는 '이용자 이름', '주택 방 수', '주택 주소와 번호', '이용자의 직장 직위', '가족 수' 등을 적도록 되어 있으나 언제까지 거주해야 한다는 사용 기간은 명시되어 있지 않다.

'사회협동단체 소유 주택'은 '일부 공장, 기업소, 협동농장 등에서 소유하고 관리하면서 소속 조합원이나 종업원, 농장원들이 살 수 있도록 하는 주택'을 말한다. 사회협동단체 소유 주택은 늘어나는 주택 수요를 국가 건설만으로는 감당할 수 없게 되자 공장, 기업소, 협동단체 등에서 소속 종업원이나 조합원들에게 필요한 주택을 자체적으로 건설하여 공급하고자 생겨난 주택이다. 그렇지만 북한에서 협동단체 소유는 국가 소유와 큰 차이가 없으므로 엄밀한 의미에서 사회협동단체 소유 주택은 국가 소유 주택에 속한다고 볼 수 있다.

개인 소유 주택은 개인이 전적으로 모든 것을 부담하여 지은 주택을 가리킨다. 따라서 국가나 사회협동단체의 소유가 아닌, 말 그대로 개인 소유의 주택이다. 그런데 북한에서는 개인의 부동산 소유가 원칙적으로 허용되지 않으므로, 개인 소유 주택은 아주 드물다. 대체로 1958년 이전에 지어진 주택들이 대부분이다. 즉, 1958년 사회주의 제도 수립 이전에 국가에 몰수되지 않고 개인에게 소유권이 부여되어 내려온 주택들이 이에 해당한다. 다른 형태의 주택과 달리 개인 주택은 상속과 매매가 법적으로 가능하다.

또한 북한의 주택은 건축 형식에 따라 아파트, 단독주택, 공동주택으로 구분할 수 있다.

북한에서 아파트는 '고층 살림집'으로 불리기도 하는데, 모두 국가나 협동단체의 소유이다. 북한의 아파트는 외관상으로는 남한의 아파트와 큰 차이가 없으며, 1970년대부터 현재까지 아파트 건설 붐이 이어지고 있다.

단독주택은 규격화하여 지은 단층 주택을 말한다. 북한의 농촌에서는 협동농장별로 규격화된 단독주택을 지었는데, 이 주택을 가리켜 '문화주택'이라고 한다. 이 외에 전국 각 지역의 도시들에서도 개별적인 가구들이 거주해 사는 단독주택이 많다. 북한 주민들은 이러한 단독주택을 흔히 '독집'이라고 부른다.

간단명료하게 정의되는 아파트나 단독주택과 달리 북한의 공동주택은 좀 복잡하다. 아파트나 단독주택보다 큰 비중을 차지하는 북한의 공동주택은 외형상 한국의 빌라나 연립주택과 비슷하다. 북한에는 둘 이상의 가구에서 최대 10 가구 정도가 살 수 있게 쭉 연결하여 지은 단층 공동주택이 많다. 북한 주민들은 이처럼 여러 가구가 같이 살 수 있도록 나란히 배치된 단층 공동주택을

'하모니카 주택'이라고 부르며, 단층 주택 전체를 가리켜 '땅집'이라고 부른다. 그리고 북한에는 2~3층으로 지어진 공동주택도 많다. 농촌 지역에는 대체로 3~6 가구 정도가 살 수 있는 작은 규모의 2~3층 공동주택이 많고, 도시 지역에는 가구 수가 두 자릿수에 달하는 2~3층 공동주택이 많다. 북한에서는 '연립주택'이라는 표현은 사용하지 않으며, 사람들은 대체로 단층이 아닌 2층 이상으로 지어진 주택을 모두 '아파트'라고 부른다.

이처럼 북한은 남한과 주택의 개념, 분류, 용어에 이르기까지 차이가 있다. 따라서 대부분의 탈북민들은 남한 생활 초기에 남한의 다양한 주택 종류를 잘 이해하지 못하며, '주택 분양', '전세', '임대' 등 주택과 관련한 문제로 많은 어려움을 겪고 있다.

서울사이버대학교 교수 **이지영**

상가건물임대차보호법

商街建物賃貸借保護法

상가건물을 빌리는 계약을 하는 사람을 보호하기 위해 마련한 법률. '주택임대차보호법', '대부업법(고금리제한법)' 등과 함께 민생 3법이라고 한다. 상가건물을 빌리는 사람의 권리를 보호하고, 임대료와 보증금의 과도한 인상을 막기 위해 제정한 법률이다. 이 법의 적용은 민법에 우선한다. 이 법에 따르면 상가건물을 빌려주는 사람이 임대료와 보증금을 올릴 때 일정한 비율을 초과하여 인상할 수 없다. 상가건물을 빌리는 사람은 보증금 중에서 일정액을, 다른 담보를 잡힌 사람보다 우선하여 변제받을 권리가 있는 등 일반적인 부동산 계약보다 상가건물을 빌리는 사람을 보호하는 데 역점을 둔 점이 특징이다.

남한과 사회 체제가 다른 북한에서는 이 용어가 쓰이지 않는다.

더 알아보기

'상가건물임대차보호법'은 상가건물을 빌려주는 사람이 계약 해지권을 남용하지 못하게 하거나, 상가건물을 빌리는 기간의 불안정성을 막고, 월세를 산정할 때 높은 이자율을 적용하지 못하게 하며, 보증금을 반환하지 않는 행위 등을 못하게 하여 상가건물을 빌리는 사람의 피해를 막는 것이 주요 목적이다. 모든 상가건물을 빌리는 계약에 적용되는 것은 아니며 영업용 건물을 빌리는 계약으로서 보증금이 일정한 금액 이하인 계약에만 적용된다.

'상가건물임대차보호법'의 주요 내용은 다음과 같다.

첫째, 상가건물을 빌린 사람이 계약 사실을 법원에 등기하지 않았어도, 건물을 인도하여 세무서에 사업자등록을 신청하였으면 그 다음날부터 다른 사람에게 대항할 수 있는 권리가 인정된다. 둘째, 상가건물을 빌린 사람은 10년을 초과하지 않는 범위 내에서 계약의 갱신을 요구할 수 있는 권리인 '계약갱신요구권'을 가진다. 즉, 상가건물을 빌려준 사람은 빌린 사람이 계약의 갱신을 요구할 때 정당한 사유 없이 이를 거절하지 못한다. 셋째, 상가건물을 빌린 사람이 임대차계약서에 '확정일자'를 받으면 보증금을 우선 변제받을 수 있는 권리를 가지게 된다. 넷째, 소액으로 상가건물을 빌린 사람은 요건만 갖추면 확정일자를 받지 않더라도 모든 권리자보다 우선하여 경매가액의 1/3 범위 내에서 보증금 중 일정액을 변제받을 수 있는 권리를 가진다. 다섯째, 임대료가 현실과 차이가 많을 경우 상가건물을 빌려준 사람은 임대료를 올리거나 내려 달라고 청구할 수 있으나 올리는 액수는 9% 이내에서만 할 수 있으며 임대료를 올린 뒤 1년 이내에는 다시 올려 달라고 청구할 수 없다. 마지막으로, 보증금의 전부 또는 일부를 월세로 전환하는 경우에 적용하는 비율을 연 15% 이내로 제한하여 상가건물을 빌린 사람을 보호할 수 있도록 하였다.

최근 코로나19 대유행이 장기화됨에 따라 2022년 1월 4일에 법률을 개정하였는데, 상가건물을 빌린 사람이 집합제한 및 집합금지 조치를 3개월 이상 받아 폐업에 이르게 된 경우에 계약 기간이 남아 있음에도 그 계약을 해지할 수 있는 권리가 생겼다. 다만 계약의 해지는 상가건물을 빌려준 사람에게 통고한 날로부터 3개월이 지나야 효력이 발생한다.

용 례 {상가건물임대차보호법이} 개정되나. / 새로운 {상가건물임대차보호법에} 따르면 정부가 코로나19 등 감염병 예방을 위해 3개월 이상 집합금지나 집합제한 조처를 내린 영향으로 폐업한 경우 해당 상가의 임차인에게 임대차 계약을 해지할 수 있는 권리가 부여된다.《매일경제, 2022년 1월 5일》

관련어 주택임대차보호법.

◎ **출　전**　「상가건물 임대차보호법」(법률 제18675호, 2022. 1. 4.).
네이버 지식백과: 시사경제용어사전, https://terms.naver.com/entry.naver?docId=299568&cid=43665&categoryId=43665

◎ **집필자**　이시우

상속세

相續稅, Inheritance Tax

국세의 하나. 상속, 유언에 의한 증여, 증여자의 사망으로 효력이 발생하는 증여 등에 의해 취득한 재산에 대하여 부과한다.

북한에는 인민에게 직접 부과하는 공식적인 세금이 없는 것으로 알려져 있다. 북한 『거울사전 2.0』(2017)의 '세금제도'라는 표제어에서는, "주민들의 세금부담을 계통적으로 낮추어온 우리 나라에서는 1974년 4월 1일부터 낡은 사회의 유물인 세금제도가 완전히 없어짐으로써 우리 나라는 세계에서 세금없는 첫 나라로 되였다."고 설명되어 있다. 북한의 『조선말대사전』(2017)에서는 '상속세'를 "착취사회에서 개인재산을 상속자에게 넘겨주는 경우 그 재산에 대하여 부과하는 세금. 직접세의 한 형태이다."라고 뜻풀이하고 있고, 북한의 『거울사전 2.0』(2017)에서는, 외국인이 상속받는 북한 영토 안에 있는 재산과 외국인이 북한 안에 거주하고 있으면서 상속받는 북한 영토 밖의 재산을 모두 상속세의 과세 대상이 된다고 밝히며, 구체적으로 동산, 부동산, 화폐재산, 유가증권, 예금, 저금, 보험금, 공업소유권, 저작권, 토지이용권, 채권을 비롯한 재산과 재산권이 포함된다고 설명하고 있다.

더 알아보기

남한에서의 상속세는 국세國稅이며, 보통세普通稅이고, 직접세直接稅이다. 남한에서는 피상속인의 유산 전체를 과세 대상으로 하는 재산세적 성격의 유산세 방식遺産稅方式을 따른다. 거주자의 모든 상속재산과 국내에 있는 비거주자의 모든 상속재산에 대하여 상속세를 부과한다. 상속재산이란 피상속인에게 귀속되는 재산으로서 금전으로 바꿀 수 있는 경제적 가치가 있는 모든 물건과 재산적 가치가 있는 법률상 또는 사실상의 모든 권리를 포함하며, 일정한 보험금·신탁재산·퇴직금 등은 상속재산으로 본다. 재산의 가액은 상속이 개시되는 날짜의 현재 시가에 의함을 원칙으로 한다. 상속인은 상속재산 중 각자가 받는 재산의 비율에 따라 상속세를 연대하여 납부할 의무가 있다. 영리법인은 상속세를 면제하며, 전사 등에 의하여 상속되는 재산과 국가에 유언으로 귀속시키는 재산에 대하여는 비과세로 한다. 상속이 되는 곳을 관할하는 세무서장 등이 과세한다. 납세의무자는 상속이 시작되는 날짜로부터 6개월 이내에 상속세를 자진 신고·납부하여야 한다. 자진 신고·납부의 경우에는 신고세액공제를 하며, 제대로 이행하지 않을 경우에는 가산세를 부과한다.

○ 용 례 {상속세가} 증가하다. / {상속세를} 부과하다. / {상속세를} 납부하다. / 현행 상속세 및 증여세법에 따르면 자녀는 상속재산에서 1인당 5000만 원, 미성년자의 경우 상속 개시일부터 19세가 될 때까지 햇수에 1000만 원을 곱한 금액을 공제해 {상속세를} 부과한다.《서울경제, 2022년 1월 27일》

○ 관련어 증여세.

○ 출 전 「상속세 및 증여세법」(법률 제18591호, 2021. 12. 21.).
국가국어사정위원회·통계정보기술교류사(2017), 『겨울사전 2.0』.
네이버 지식백과: 두산백과, https://terms.naver.com/entry.naver?docId=1109842&cid=40942&categoryId=31841
미래와경영연구소(2018), 『부동산용어』, 미래와경영.
사회과학출판사 편(2017), 『조선말대사전』, 사회과학출판사.
상식연구소(2021), 『부동산용어사전 1252』, 서원각.
찾기쉬운생활법령정보(https://easylaw.go.kr)

《 상속세의 세율 》

과세표준	세율
1억원 이하	과세표준의 10%
1억원 초과 5억원 이하	1천만원+(1억을 초과하는 금액의 20%)
5억원 초과 10억원 이하	9천만원+(5억을 초과하는 금액의 30%)
10억원 초과 30억원 이하	2억 4천만원+(10억을 초과하는 금액의 40%)
30억원 초과	10억 4천만원+(30억을 초과하는 금액의 50%)

출처: 찾기쉬운생활법령정보(https://easylaw.go.kr)

집필자 이시우

쉬어가기

북한의 상속권에 대한 오해와 진실

현재 북한은 '부동산 상속권'을 인정하고 있을까? 북한은 모든 재산을 전 인민적 소유라고 표방하면서도 사실상으로는 부동산을 국가 소유로 규정하고 있다. 이러한 상황을 잘 알고 있는 남한 사람들의 대부분은 북한에 부동산 상속권이 없다고 생각하고 있는 듯하다. 하지만 북한에서도 일부 주택의 경우 개인의 소유가 허용되어 있고, 또한 제한적이나마 주택 상속권도 인정하고 있다. 특히, 1990년대 이후 북한의 살림집법 조항이 일부 개정되면서, 주택 상속권이 공식적으로 인정되고 있는 실정이다.

북한의 살림집법상 국가 및 협동조합 소유 주택의 이용설정권자는 이 주택에 대한 관리 등을 맡은 각 도·시·군 인민위원회 및 각 기관 기업소 단체이다. 이 인민위원회 및 기업소 단체로부터 사용 허가를 받은 주민은 일종의 배타적인 '주택 이용권'을 갖고, 주택 사용료를 지불하면서 기한 없이 그 주택에서 거주할 수 있다. 이 중 남한 사람들이 흥미를 느낄 수 있는 부분은, '주택 이용권'에 '주택 이용 기한'이 명시되지 않는다는 점일 것이다. 북한에서는 주택 임차에 대한 사용 기한이 따로 정해지지 않는데, 그 이유는 대부분의 주택이 소속 직장별로 배정되기 때문이다. 대부분의 인민은 처음 배치된 직장에서 주택을 배정받고, 다른 지방으로 직장을 옮기거나 이사를 가지 않는 한, 퇴직하고 사망할 때까지 배정받은 주택에서 평생을 거주하게 된다. 그리고 그 인민이 사망하여도 특이한 경우가 아니면 자녀에게 대물림하여 그 주택에서 계속 살 수 있다. 따라서 법적으로는 주택의 양도가 금지되어 있지만, 다른 거주 주택이 없다면 현재 살고 있는 주택에 대한 거주 권리 및 상속이 인정되는 셈이다. 따라서 이 '주택 이용권'은 가족 명의의 공동 이용권으로도 볼 수 있을 것이다. 이와 같은 사항은 살림집법 등 관련 법 규정에 의하여 규정되어 있다.

북한의 살림집법에는 "주택을 공급·배정받은 주민(이용권자)은 해당 주택을 실제로 이용하여야 하며 법과 규정에 따라서 이용하지 아니한 때에는 해당 담당기관이 사용권을 박탈할 수 있다."고 규정하고 있다. 이러한 점에서 주택 이용권은 사법적 이용권이 아닌, 공법적 이용권이라 할 수 있다. 이처럼 북한은 '주택 소유권'과 '주택 이용권'을 법적으로 보호한다는 규정을 두고 있다. 북한의 주택 소유와 관련된 법 조항을 구체적으로 제시하면 다음과 같다.

(1) 북한의 '주택 소유와 관련된 법 조항'

1) 북한의 헌법 제28조: 협동농장의 생산시설과 농촌문화주택을 국가부담으로 건설하여준다.
2) 민법 제50조: 국가는 살림집을 지어 그 이용권을 노동자, 사무원, 협동농민에게 넘겨주며 그것을 법적으로 보호한다.
3) 민법 제53조: 협동단체의 소유재산(주택포함)은 여기에 속한 성원 또는 근로자들의 집단적 소유로서 이를 그 성원들의 의사에 따라 민주주의 원칙에서 점유 이용 처분할 수 있다.
4) 살림집법 제2조 2항: 국가는 살림집소유권과 이용권을 법적으로 보호한다. … 주택도 소유 형태에 따라 국가소유주택, 협동단체소유주택, 개인소유주택으로 구분된다.
5) 북한 민법 제63조와 상속법 제13조: 개인소유 주택은 자유로이 점유 이용 처분할 수 있으며 상속도 된다.

(1)에서 알 수 있는 것처럼, 북한에서 주택은 소유 관계에 따라 국가 주택,

협동단체 주택, 개인 주택으로 구분된다. 국가 주택과 협동단체 주택은 단체나 개인에게 점유권과 이용권만 주어지는 데 비해, 개인 주택은 개인에게 점유·이용·처분·상속권도 주어진다는 사실을 알 수 있다.

그렇다면 남한에서 상속은 어떤 특성을 가지고 있을까? 남한에서 상속은 사람의 사망으로 인한 재산상 법률관계의 포괄적 승계로 정의된다. 1977년 12월 상속법의 일부 개정과 1990년 1월 개정을 통하여 그 체계와 내용이 대폭 변경되었다. 우선 호주 상속 제도를 폐지하고 이것을 임의적인 '호주승계제도戶主承繼制度'로 변경하여 민법 제4편 친족법에 규정하였다. 그리고 상속인의 범위를 8촌 이내의 방계혈족傍系血族에서 4촌 이내의 방계혈족으로 축소·조정하였고, 배우자의 상속 순위를 부부간에 평등하게 개정하였다. 또한 기여분제도寄與分制度를 신설함으로써 공동상속인 간의 형평을 보장하도록 하였다. '동순위 상속인同順位相續人' 간 상속분의 차별을 없앴으며, 배우자의 상속분을 확대하였다. 아울러 특별연고자에 대한 분여 제도 등을 신설함으로써 남녀 평등, 부부 평등, 상속인 간의 공평을 도모할 수 있도록 개선하였다.

남한의 '재산상속제도'는 상속과 관련된 조항을 세부적이고 구체적으로 명시함으로써 개인 재산이 최대한 합리적으로 보호될 수 있도록 규정되어 있다. 재산상속인은 상속이 개시된 때부터 피상속인에게만 속한 지극히 개인적인 것들을 제외하고, 그 재산에 관한 포괄적인 권리와 의무를 승계한다. 다시 말해 피상속인의 사망으로 인하여 상속인은 피상속인의 재산에 속한 모든 권리·의무를 포괄적 일체로서 당연히 상속한다. 그러므로 상속을 포기하지 않는 한, 상속 재산에 관한 재산권적 권리와 더불어 채무까지도 승계하게 된다.

이처럼 남한의 상속 제도는 포괄적인 범위에서 개인의 권리를 보호하고, 상속 과정에 일어날 수 있는 분쟁으로부터 법적 보호를 할 목적으로 규정되어 있다. 이에 비해 북한의 상속 제도는 개인의 이익과 권리보다는 국가 이익을 우선적으로 고수固守하면서, 개인의 상속권을 명시하고 있다.

북한에서는 여전히 생산 수단이 국유화·집단화되어 있다. 특히, 토지소유 제도는 북한 체제의 근간이 되므로, 이 부문에 대한 본질적인 변화는 기대하기 어렵다. 그렇지만 최근의 북한 정황을 보면, 토지는 여전히 국가 소유로 유지되고 있으면서도, 주택 제도에서는 점진적인 변화의 움직임이 나타나고 있다. 주택 제도는 북한 체제 이념에 크게 모순됨이 없이 개선될 여지가 있기 때문일 것이다. 이러한 주택 제도의 변화가 이루어지기 위해서는 북한 당국과 시장화 주체들 간의 이해관계가 충돌하지 않아야 한다. 그래야만 주택 수요를 보장해 주어야 할 북한 당국이 사회주의적 정책 기조가 훼손되지 않으면서도 만성적인 주택 부족 문제를 해결하는 방도로써 주택시장화 현상을 수용할 것이기 때문이다.

북한에서 주택의 사적인 매매가 자생적으로 확산됨에 따라 이와 관련된 형법상 '국가살림집이용질서위반죄 제46조' 등의 통제 및 규제 조항들이 현실과 점점 멀어지면서 결국에는 사문화될 것으로 보인다. 이러한 영향으로 말미암아 북한 당국의 주택 정책 변화도 이루어질 수밖에 없을 것이다. 주목되는 것으로, 협동농장·일부 기관·기업 등이 소유한 주택에서 여러 가지 형태의 사적으로 운용되는 경제 요소가 허용되면서, 소유권 구분이 불분명한 변용된 주택들의 비중이 증가하고 있다는 점이다. 큰틀에서 토지 및 부동산이 '국가의 소유'라는 점에서는 큰 변화가 없겠지만, 그 비중이 점차 감소하면서 이에 비례하여 협동적 소유의 비중이 증가할 것으로 생각한다.

굿파머스 연구소 소장 **조충희**

상업지역

商業地域, Commercial Zone

상업 활동이나 그 밖의 업무 수행을 편리하게 할 수 있도록 지정해 놓은 지역. 「국토의 계획 및 이용에 관한 법률」에 따라 도시·군관리 계획으로 지정한 용도지역 중 도시지역의 하나이다. '생활편익시설'이나 '중심업무시설'과 같은 상업기능을 가진 시설들이 적절히 배치되며, '중심상업지역', '일반상업지역', '근린상업지역', '유통상업지역'으로 나뉜다.

남한과 사회 체제가 다른 북한에서는 이 용어가 쓰이지 않는다.

더 알아보기

'도시지역'은 인구와 산업이 밀집되어 있거나 밀집이 예상되어 체계적인 개발·정비·관리·보전 등이 필요한 지역을 가리킨다. 도시지역은 크게 '주거지역', '상업지역', '공업지역', '녹지지역'으로 구분된다. 상업지역은 다시 '중심상업지역', '일반상업지역', '근린상업지역', '유통상업지역'으로 세분된다. 세분된 지역에 따라 들어설 수 있는 업무 시설과 상업 시설의 종류가 다르며, 지자체별로 건폐율 및 용적률이 달리 적용된다.

《 상업지역의 구분 및 특징 》

구분		특징	건폐율	용적률
상업지역	중심상업지역	도심·부도심의 상업기능 및 업무기능 확충	90%이하	400% 이상 1,500% 이하
	일반상업지역	일반적인 상업기능 및 업무기능 담당	80%이하	300% 이상 1,300% 이하
	근린상업지역	근린지역에서 일용품 및 서비스 공급	70%이하	200% 이상 900% 이하
	유통상업지역	도시내 또는 지역간 유통기능 증진	80%이하	200% 이상 1,100% 이하

출처: 토지이용 용어사전, http://www.eum.go.kr/web/in/dc/dcDictList.jsp

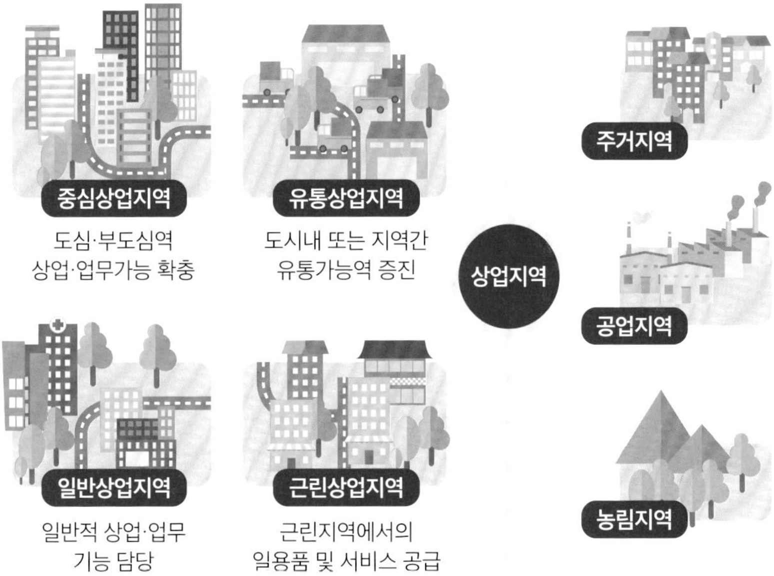

출처: 서울특별시 알기 쉬운 도시계획 용어,
https://urban.seoul.go.kr/view/mainPop/term.pop?type=add

- **용 례** {상업지역으로} 지정하다. / 서울시는 지난 2018년 3월, 도시기본계획(생활권계획) 실현을 위한 {상업지역} 신규 지정 가이드라인 및 운영 계획을 발표했다.《서울신문, 2020년 11월 6일》
- **관련어** 도시지역, 주거지역, 공업지역, 녹지지역.
- **출 전** 「국토의 계획 및 이용에 관한 법률 시행령」(대통령령 제31961호, 2021. 8. 31.).
  「국토의 계획 및 이용에 관한 법률」(법률 제18473호, 2021. 10. 8.).
  서울특별시 알기 쉬운 도시계획 용어, https://urban.seoul.go.kr/view/mainPop/term.pop?type=add
  장희순·김성진(2020), 『부동산용어사전』, 부연사.
  토지이음: 토지이용 용어사전, http://www.eum.go.kr/web/in/dc/dcDictList.jsp
- **집필자** 박상훈

시장가치

市場價値, Market Value

시장 가격을 결정하는 데에 기초가 되는 가치. 시장의 상황에 따라 수시로 변동된다. 거래 대상이 되는 물건이 시장에서 충분한 기간 동안 공개된 이후에 당사자 간에 실제로 거래가 성립될 가능성이 높은 가격을 말한다. 시장가치는 거래 당사자의 자유의사, 이기적 동기, 시장 상황 숙지, 충분한 시간, 특수한 사정이 없다는 조건이 만족될 때 성립하는 가치이다. 실제 시장에서 매도자와 매수자 사이에 형성되는 '시장가격'과는 서로 다른 개념이다.

남한과 사회 체제가 다른 북한에서는 이 용어가 쓰이지 않는다.

더 알아보기

「감정평가에 관한 규칙」에서는 '시장가치'를 "감정평가의 대상이 되는 토지 등(이하 "대상물건"이라고 한다)이 통상적인 시장에서 충분한 기간 동안 거래를 위하여 공개된 후 그 대상물건의 내용에 정통한 당사자 사이에 신중하고 자발적인 거래가 있을 경우 성립될 가능성이 가장 높다고 인정되는 대상물건의 가액"이라고 정의하고 있다.

한편, '공시가격'은 정부가 매년 조사·산정하여 발표하는 토지와 주택의 공식적인 가격을 말한다. 공시가격은 종합부동산세(종부세), 재산세 등 각종 세제 부과의 기준이 되며 건강보험료와 기초연금 등 사회복지에도 사용되기 때문에 사회 전반에 미치는 영향이 크다.

용 례 {시장가치가} 높다. / 우리나라와 주요 해외국 간 부동산 공시가격의 차이점 중 하나는 가치 산정의 기초 자료가 실거래가냐 '{시장가치}(Market Value)'냐는 것이다.《머니투데이, 2019년 4월 28일》 / 동일 단지 한두 건의 거래가격을 모든 아파트 호수의 {시장가치로} 인정하는 것은 심각한 문제를 낳는다.《오마이뉴스, 2021년 5월 20일》

관련어 시장가격, 공시가격, 실거래가.

출 전 「감정평가에 관한 규칙」(국토교통부령 제882호, 2021. 8. 27.).

네이버 지식백과: 시사상식사전(박문각), https://terms.naver.com/list.naver?cid=43667&categoryId=43667

장희순·김성진(2020), 『부동산용어사전』, 부연사.

집필자 박상훈

양도소득세

讓渡所得稅, Capital Gains Tax

부동산이나 주식과 같은 자산을 매도할 때 발생하는 이익에 부과하는 세금. 매도 금액에서 취득 가격과 필요 경비, 양도 소득 공제 및 해당되는 공제 금액을 뺀 나머지에 대하여 부과된다. 양도소득세가 과세되는 자산의 범위에는 '부동산'과 '주식', 그리고 '지상권·전세권·임차권 등 부동산에 관한 권리'도 포함된다. 주택을 양도하는 경우, 일정한 요건에 해당하면 양도소득세가 과세되지 않는다.

남한과 사회 체제가 다른 북한에서는 이 용어가 쓰이지 않는다.

더 알아보기

주택을 양도하여 이익이 발생한 경우 개인이나 법인 등은 양도소득세를 납부하여야 한다. 예정신고 기한은 양도일이 속하는 달의 말일부터 2개월 이내이며, 확정신고 기한은 양도일이 속하는 연도의 다음 연도 5월 1일부터 5월 31일까지이다. 양도세득세액은 양도가액에서 취득가액과 필요경비를 뺀 양도 차익에서 장기보유특별공제를 차감하여 양도소득금액을 산출한 다음 여기에서 기본공제 250만 원을 차감한 과세표준에 세율을 곱하여 구한다.

장기보유특별공제는 주택을 3년 이상 보유하고 양도하는 경우에 양도차익에서 보유 기간 또는 거주 기간에 비례하여 일정 부분을 공제하여 주는 제도이다. 미등기 양도주택이나 다주택자가 조정대상지역에 있는 주택을 양도하는 경우 등에는 적용되지 않는다.

주택을 양도하는 시점에 1주택을 소유하고 있는 세대가 다음의 요건을 모두 갖춘 경우에는 양도소득세를 과세하지 않는다.

- 보유기간이 2년 이상일 것
- 2017년 8월 3일 이후 조정대상지역에 있는 주택을 취득한 경우 거주기간이 2년 이상일 것
- 양도 당시 실거래가액이 12억 원 이하일 것

《 양도소득세 계산 절차 》

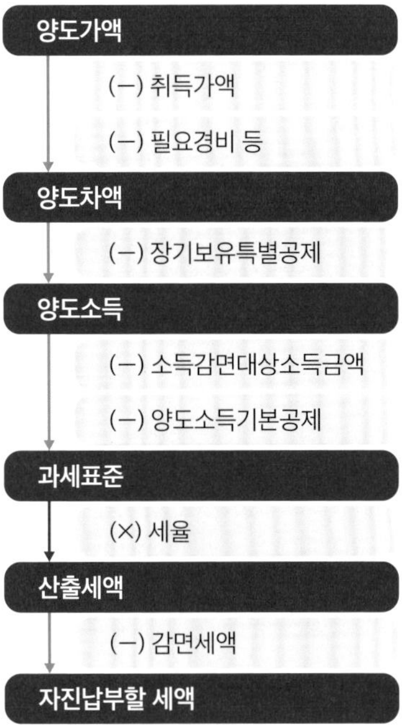

출처: 국세청(2021), 「생활세금 시리즈」

1주택을 소유한 세대가 그 주택을 양도하기 전에 다른 주택을 취득하여 일시적으로 2주택이 된 경우, 일정한 기간 내에 종전의 주택을 양도하는 경우에는 1세대 1주택으로 보아 비과세 요건을 적용한다.

반면에, 다주택자가 조정대상지역 안에 있는 주택을 양도하는 경우, 2주택자는 기본세율에 20%를, 3주택 이상자는 30%를 더한 중과세율이 적용된다.

국세청 홈택스 사이트www.hometax.go.kr에 방문하면 양도소득세를 미리 계산해 볼 수 있고 인터넷을 통해 편리하게 양도소득세를 신고·납부할 수 있다.

- **용 례** {양도소득세를} 납부하다. / 1세대 1주택자에 대한 {양도소득세} 비과세 기준을 시가 9억 원에서 12억 원으로 높이는 조치가 오늘(8일)부터 시행됩니다.《SBS뉴스, 2021년 12월 8일》 / 지난해 주식·부동산 등 자산시장이 활황을 보이며 {양도소득세} 과세 대상 자산이 지난해보다 50% 가까이 늘었다.《이코노미스트, 2021년 12월 22일》
- **관련어** 장기보유특별공제.
- **출 전** 「소득세법」(법률 제18578호, 2021. 12. 8.).
  국세청 홈택스, https://www.hometax.go.kr
  국세청 홈페이지, https://www.nts.go.kr
  국세청(2021), 「생활세금 시리즈」.
  국세청·행정안전부(2021), 「주택과 세금」.
- **집필자** 박상훈

오피스텔

Officetel

사무실과 주거의 기능을 겸할 수 있도록 시설을 갖춘 건축물. 오피스office와 호텔hotel의 합성어이다. 청약통장이 없어도 청약이 가능하고 전매 제한이나 거주지역, 대출 요건 등에서 아파트보다 규제가 적기 때문에 최근 청약 시장에서 인기가 높다.

남한과 사회 체제가 다른 북한에서는 이 용어가 쓰이지 않는다.

더 알아보기

「건축법」에 규정된 오피스텔은 주로 업무를 하는 공간으로, 분양하거나 임대하는 구획 중 일부 구획에서 숙식을 할 수 있도록 한 건축물을 말한다. 오피스텔에는 발코니를 설치할 수 없으며, 다른 용도와 복합으로 건축하는 경우에는 전용 출입구를 설치하여야 한다. 또한 전용면적이 120m^2 이하인 경우에만 바닥난방을 설치할 수 있다.

오피스텔은 실제로 사용하는 용도에 따라 업무용과 주거용으로 나뉜다. 업무용이냐 주거용이냐에 따라 취득세, 재산세, 종합부동산세, 양도소득세 등이 달라진다. 최근 분양 시장에서는 '아파텔'이라 불리는 주거용 오피스텔이 인기를 얻고 있다. 아파트와 비슷한 구조와 면적을 갖추고 있으면서 아파트에 비해 규제가 적기 때문이다. 청약통장이 필요 없고 거주지역이나 주택 소유 여부와 상관없이 만 19세 이상이면 청약할 수 있다. 오피스텔 분양권의 경우 취득세를 계산할 때 주택 수에 포함되지 않아 주택을 여러 채 보유해도 취득세 중과 대상이 아니다. 또한 100실 미만의 오피스텔은 분양권 전매가 가능하다.

출처: 서울특별시 알기 쉬운 도시계획 용어, https://urban.seoul.go.kr/view/mainPop/term.pop?type=add

○ 용 례 {오피스텔을} 분양하다. / 1가구 2주택의 양도소득세 중과 등의 부담으로 {오피스텔에} 대한 관심이 커지고 있다. {오피스텔의} 경우 조정대상지역과 여부에 관계없이 대출이 가능하고, 일반임대사업자 등록을 통해 세부담을 낮출 수 있기 때문.《파이낸셜뉴스, 2021년 12월 28일》 / {오피스텔} 청약 시장에서도 '국민평형'으로 불리는 전용 84m^2 모델에 수요자들이 가장 많이 몰린 것으로 나타났다. 3~4인 거주에 적합한 구조로 인기를 끌고 있다는 분석이다.《머니투데이, 2021년 12월 17일》

○ 관련어 주거용 오피스텔, 업무용 오피스텔.

○ 출 전 「건축법 시행령」(대통령령 제32344호, 2022. 1. 18.).
「오피스텔 건축기준」(국토교통부고시 제2021-1227호, 2021. 11. 12.).
서울특별시 알기 쉬운 도시계획 용어, https://urban.seoul.go.kr/view/mainPop/term.pop?type=add

○ 집필자 박상훈

상업용 부동산, 남과 북은 어떻게 다를까?

일반적으로 부동산은 용도에 따라 주거용, 상업용, 기타 부동산으로 구분한다. 아파트처럼 주거 환경의 쾌적함, 이용의 편리성 등이 중요시되는 주거용 부동산과 달리 오피스텔, 상가, 사무용 빌딩, 극장, 휴게소, 지식산업센터 등의 상업용 부동산은 수익성이 중요한 지표가 된다. 그런데 생산 수단은 물론, 대부분의 부동산이 '사회적 소유(국가 및 협동단체 소유)'로 되어 있는 북한에서도 상업용 부동산이라는 개념이 있을까?

결론부터 얘기하면 북한에도 상업용 부동산이 있다. 물론 '비공식적인 상업용 부동산'이라는 표현이 적절하겠다. 대표적인 예로 시장 내 점포, 창고 및 건물, 편의봉사시설 등이 있다. 시장 내 점포는 일명 '장마당'으로 불리는 각 지역 시장 안에서 상품을 진열하고 판매할 수 있는 매대나 점포를 말한다. 매대나 점포는 법적으로 매매가 금지되어 있으나, 시장에서 경제 활동을 하는 상인들은 현실적으로 자주 거래한다. 시장을 관리하는 '시장관리소' 일꾼들도 이 거래 사실을 모르지 않지만, 뇌물을 받고 모르쇠를 하거나 거래를 원하는 수요공급자를 연결해 주는 암묵적인 중개 역할을 하기도 한다. 창고 및 건물 임대는 항만, 시장 등 물류 요충지 근처에서 상품 보관, 재포장 혹은 판매의 목적으로 건물을 임대하여 운영하는 형태이다. 편의봉사시설 임대는 식당, 상점, 이·미용실, 목욕탕, 노래방, 당구장, 탁구장, 각종 수리소, 책방, 사진관 등에 사용하려고 국영 상업망의 건물을 임대하는 것을 말한다.

북한 상업용 부동산의 특징은 공식적으로는 '사회적 소유'만 인정한다고 알려져 있으나, 실제로는 '개인 소유'의 형식으로 운용되고 있다는 점이다. 북한은 2011년에 개정된 북한 '부동산관리법'에 '부동산 이용허가증' 발급 대상으로 개인을 포함("부동산관리법 제23조")했다. 향후 부동산을 이용한 개인의 경제 활동도 일정 범위 내에서 허용하겠다는 얘기이다. 또한 '경제연구', '김일성종합대학 학보' 등 주요 경제지들을 통해 '부동산관리에서 화폐적 공간을 올바로 이용'하는 문제를 강조하고 있다. 부동산 가격을 올바로 정하고 이에 근거해서 부동산 사용료를 정하되, '통제'가 가능한 적절한 사용료 산정이 필요하다는 논리이다. 용어와 표현만 다를 뿐 북한에서도 상업용 부동산의 수익성 추구 목적을 일정 부분 인정했다고 볼 수 있다.

지금도 북한은 일부 주택을 제외한 부동산의 개인 소유를 공식적으로 인정하지 않고 있다. 이런 상황에서 북한 당국이 상업용 부동산의 사용권을 법률로 허가한 점은 시사하는 바가 크다. 북한 당국의 이러한 변화는 '북한의 경제난', '북한 경제의 시장화' 등이 직접적인 원인이 되었을 가능성이 크다. 즉, 배급제가 사실상 무너진 상황에서 민간 시장의 활성화는 예견된 변화라고 할 수 있고, 그 과정에서 자연스럽게 주민들 간의 상업용 부동산 사용권 거래가 늘어난 것으로 볼 수 있기 때문이다. 북한 당국도 이러한 변화의 흐름을 정책에 반영할 수밖에 없었을 것이다. 공식적이든 비공식적이든 향후 북한 당국의 부동산 관련 정책은 국가 소유에서 개인 소유를 점차 확대하는 방향으로 변화할 가능성이 커 보인다.

하나금융경영연구소 연구원 **장혜원**

용도지역

用途地域, Specific Use Area

토지를 생활권 중심으로 용도에 따라 나누어 놓은 지역. 토지의 경제적이고 효율적인 이용과 공공복리의 증진을 도모하기 위해 도시·군관리계획으로 지정한다. 「국토의 계획 및 이용에 관한 법률」에 따라 토지의 이용이나 건축물의 용도, 건폐율, 용적률, 높이 등이 제한된다. '도시지역', '관리지역', '농림지역', '자연환경보전지역'으로 나뉘며, 도시지역은 다시 '주거지역', '상업지역', '공업지역', '녹지지역'으로 나뉜다.

남한과 사회 체제가 다른 북한에서는 이 용어가 쓰이지 않는다.

더 알아보기

남한의 모든 토지는 반드시 어느 하나의 용도지역으로 지정되어 있다. 도시·군계획의 근간을 이루는 '용도지역제'는 토지를 자연조건이나 특성 및 기능에 따라 적합하게 구분하여 일정한 지역으로 지정하는 제도이다. 국토를 효율적·계획적으로 이용하고 관리하기 위한 제도로서, 도시·군계획의 중요한 법적 집행수단의 하나이다.

「국토의 계획 및 이용에 관한 법률」은 '용도지역'을 더 세분하여 '용도지구'와 '용도구역'을 규정하고 있다. '용도지구'는 용도지역의 기능을 증진하고 미관과 경관, 안전 등을 도모하기 위해 도시·군관리계획으로 결정하는 지역이다. '용도구역'은 토지 이용의 보다 세부적인 규제와 관리를 위하여 도시·군관리계획으로 결정하는 지역으로, 용도지역 및 용도지구의 제한을 강화하거나 완화하여 관리한다. '용도지역'과 달리 '용도지구'와 '용도구역'은 중복 지정이 가능하다.

토지이음 홈페이지www.eum.go.kr를 방문하면 개별 토지에 대한 용도지역·용도지구·용도구역 등의 지정 여부와 행위 제한 내용 및 관련 법령 등을 확인할 수 있다.

◎ 용 례 {용도지역을} 변경하다. / {용도지역을} 설정하다. / 서울시 관계자는 "준공업·상업지역의 경우 {용도지역에} 맞는 시설들이 들어와야 하지만 재건축 단지는 이미 기개발된 주택단지인 만큼 노후한 단지들이 재건축을 원활히 할 수 있게끔 해야 하다는 취지에서 법 개정을 요청했다"고 설명했다.《서울경제, 2021년 12월 6일》 / 토지이용계획 확인원에는 건축 행위에 필요한 필수적 정보가 모두 담겨 있다고 보면 된다. 대표적으로 {용도지역} 등이 기재되어 있어 행위 제한 여부를 확인할 수 있고, 건폐율, 용적률, 주차장수, 정화조 용량, 도로의 존재 등 건축 행위에 필요한 여러 가지 정보를 살펴볼 수 있다.《이데일리, 2021년 12월 8일》

◎ 관련어 용도지구, 용도구역, 도시지역, 관리지역, 농림지역, 자연환경보전지역.

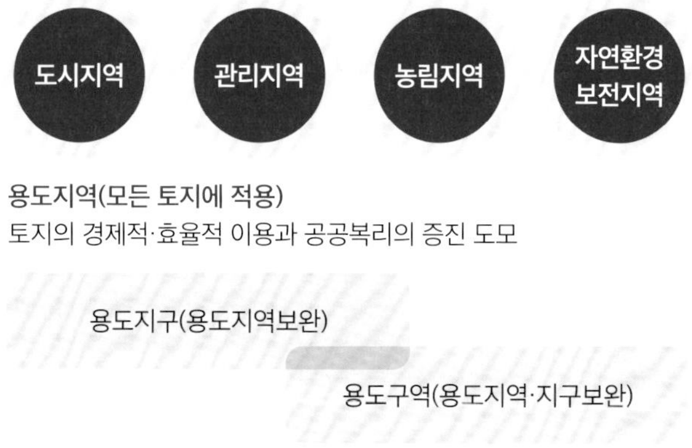

출처: 서울특별시 알기 쉬운 도시계획 용어, https://urban.seoul.go.kr/view/mainPop/term.pop?type=add

출 전 「국토의 계획 및 이용에 관한 법률」(법률 제18473호, 2021. 10. 8.).
서울특별시 알기 쉬운 도시계획 용어, https://urban.seoul.go.kr/view/mainPop/term.pop?type=add
장희순·김성진(2020), 『부동산용어사전』, 부연사.
토지이음: 토지이용 용어사전, http://www.eum.go.kr/web/in/dc/dcDictList.jsp

집필자 박상훈

용적률

容積率, Floor Area Ratio

땅 면적에서 건물 층수별 바닥 면적의 합이 차지하는 비율. 지하층의 면적, 지상층의 주차용으로 쓰는 면적 등은 바닥 면적에 포함되지 않는다. 용적률이 높을수록 건물을 높게 지을 수 있다. 건축물에 의한 토지의 이용도를 보여 주는 기준이 되며, 건폐율과 더불어 해당 지역의 개발 밀도를 가늠하는 척도로 활용된다.

남한과 법 체제가 다른 북한에서는 이 용어가 쓰이지 않는다.

더 알아보기

남한에서의 용적률은 대지 면적에 대한 건축물 연면적(건물 각 층의 바닥 면적을 합한 전체 면적)의 비율이다. 용적률을 계산할 때 지하층의 면적, 지상층의 주차용으로 쓰는 면적, 주민공동시설의 면적, 초고층 건축물의 피난안전구역의 면적은 제외한다. 용적률이 높다는 것은 건물을 높게 지을 수 있다는 의미이다. 따라서 용적률이 높은 토지는 용적률이 낮은 토지에 비해 부동산 가치가 높다.

「국토의 계획 및 이용에 관한 법률」에 규정된 용도지역에서의 용적률 한도는 다음과 같다. 구체적인 개별 토지의 용적률은 법률에 규정된 범위 안에서 그 토지가 속하는 해당 지방자치단체의 조례로 정한다.

《 용도지역별 용적률 》

구분		용적률
도시지역	주거지역	500% 이하
	상업지역	1,500% 이하
	공업지역	400% 이하
	녹지지역	100% 이하
관리지역	보전관리지역	80% 이하
	생산관리지역	80% 이하
	계획관리지역	100% 이하
농림지역		80% 이하
자연환경보전지역		80% 이하

출처: 「국토의 계획 및 이용에 관한 법률」(법률 제18473호, 2021. 10. 8.).

용 례 {용적률을} 올리다. / 공공재개발은 … 공공이 정비사업에 참여해 낙후지의 주거환경을 개선하고 도심 내 주택공급을 촉진하는 사업이다. {용적률} 상향, 인·허가 간소화, 분양가 상한제 적용 제외 등 각종 인센티브가 주어진다.《조선비즈, 2021년 12월 22일》 / 재건축 단지에서 소형 주택을 건립할 경우 {용적률을} 법적 상한까지 상향하는 인센티브를 준공업·상업지역까지 확대하는 방안이 검토되고 있다.《서울경제, 2021년 12월 1일》

관련어 건폐율, 대지면적, 건축면적.

출 전 「국토의 계획 및 이용에 관한 법률」(법률 제18473호, 2021. 10. 8.).
온라인 건축용어사전(대한건축학회), http://dict.aik.or.kr
토지이음: 토지이용 용어사전, http://www.eum.go.kr/web/in/dc/dcDictList.jsp

집필자 박상훈

원금균등분할상환

元金均等分割償還, Equal Principal Payment

대출 원금을 대출 기간으로 나누어 원금을 매달 동일한 금액으로 갚고 이자는 남은 대출 원금에 대해서만 지급하는 방식. 따라서 매달 갚는 원금은 같지만 시간이 지날수록 대출 원금이 줄어들면서 이자도 줄어든다.

남한과 사회 체제가 다른 북한에서는 이 용어가 쓰이지 않는다.

더 알아보기

대출 상환 방식에는 원금과 이자를 어떻게 갚느냐에 따라 크게 '원금균등분할상환', '원리금균등분할상환', '만기일시상환', '거치식상환' 등의 4가지가 있다.

원금균등분할상환은 원금을 매월 일정한 금액으로 나누어 갚고 이자는 남은 대출 원금에 따라 내는 방식이다. 만기일에 가까워질수록 상환 금액이 줄어들지만, 매달 갚아야 하는 금액이 달라 번거롭다는 단점이 있다.

원리금균등분할상환은 대출 원금과 대출 기간 동안의 총 이자를 합친 금액을 매달 같은 금액씩 갚는 방식이다. 상환 금액이 일정하여 지출을 관리하기는 쉽지만, 초기에 상환 부담이 크다.

만기일시상환은 대출 기간 동안 이자만 내다가 만기일에 대출 원금을 모두 갚는 방식이다. 초기 상환 부담은 적지만, 이자가 높고 만기에 상환 부담이 크다.

거치식상환은 일정한 기간 동안 이자만 내다가 그 기간이 끝나면 원금과 이자를 갚는 방식이다. 초기 부담은 적지만, 거치 기간이 끝나면 상환 부담이 갑자기 커진다.

이자 부담은 '원금균등분할상환 < 원리금균등분할상환 < 거치식 상환 < 만기일시상환'의 순으로 크다.

《 대출 상황 방식의 비교 》

구분	내용	장점	단점
원금 균등분할 상환	대출원금을 대출기간 동안 일정한 금액으로 상환. 이자는 줄어든 원금에서 계산하기 때문에 계속 감소	• 이자비용이 저렴 • 시간 흐름에 따라 상환금액이 감소	• 처음부터 상환부담이 크다. • 매월 갚아야 할 금액이 달라서 번거롭다.
원리금 균등분할 상환	대출금 만기일까지의 총 이자와 원금을 합하여 대출기간으로 나누어서 매번 일정금액 상환	• 상환금액이 항상 일정 • 계획적인 자금운영이 가능 • 소득과 지출이 일정한 정액소득자에게 적절	• 상환방식 중 초기상환 부담이 가장 크다.
만기 일시상환	대출기간동안 이자만 납부하다가 만기일에 일시 상환	• 조기상환부담 적음 • 만기일까지 수익을 올릴 수 있다면 유리	• 이자가 높다. • 만기일시상환의 부담이 크다. • 수익성 있는 투자에 유리하지만 일시상환부담이 크다.
거치식 상환	거치기간 동안은 이자만 내다가 거치기간이 끝나면 원금과 이자를 여러 가지 방법으로 상환	• 소득이 적거나 원리금 균등상환이 곤란할 때 편리 • 주택담보대출처럼 대출금액이 큰 경우에 사용	• 이자가 높다. • 거치기간 동안은 원금이 그대로 있어서 상환부담이 줄지 않는다.

출처: 금융감독원(2015), 『대학생을 위한 실용 금융』, 금융감독원 금융교육국.

용 례 {원금균등분할상환은} 대출한 원금을 똑같이 나눠서 갚는 방식이므로 만기로 가면 갈수록 잔금이 줄고 이에 따라 이자도 줄어 상환금이 줄어드는 구조입니다. 원리금 균등분할은 원금과 이자를 나눠 갚으므로 1회부터 만기까지 상환금이 같습니다. 《KBS뉴스, 2019년 3월 3일》

관련어 원리금균등분할상환, 만기일시상환, 거치식 상환.

출 전 금융감독원(2015),『대학생을 위한 실용 금융』, 금융감독원 금융교육국.

뉴시스(2021.2.20.), '[집피지기]원금균등? 원리금균등?…대출 받기 전 확인하세요', https://newsis.com/view/?id=NISX20210219_0001345454&cID=10401&pID=10400

집필자 박상훈

유치권

留置權, Right of Retention

타인에게 빌려준 돈을 되돌려받을 때까지 담보된 물건이나 유가 증권을 맡아 둘 수 있는 권리. 예를 들면, 자동차 정비업자는 자동차 소유자가 수리비를 주기 전까지 자동차의 반환을 거절할 수 있는 권리가 있는데, 이러한 권리를 유치권이라고 한다. 별도의 등기를 하지 않아도 유치권이 성립하며, 점유를 잃으면 유치권은 소멸한다.

북한의 『거울사전 2.0』(2017)에서는 '류치권'을 "채권자가 채무를 상환받을 때까지 담보물에 대한 인도를 보류할수 있는 권리. 채권자가 채무자로부터 받을 물건에는 담보물로 맡긴 물건도 있고 수리로 맡긴 물건들도 있다. 류치권을 행사할수 있는 권한을 가진자를 류치권자라고 하고 류치되는 물건을 류치물이라고 한다. 류치권은 현재의 채무상환을 담보하는것으로서 장래의 채무상환을 담보하는 전당권이나 저당권과는 다르다. 실례로 시계나 사진기를 고친 수리인은 그 주인이 해당한 비용을 지불할 때까지 그 시계나 사진기를 보관하면서 인도청구를 보류할수 있다."고 설명하고 있다.

더 알아보기

「민법」에는 유치권에 관하여 "타인의 물건 또는 유가증권을 점유한 자는 그 물건이나 유가증권에 관하여 생긴 채권이 변제기에 있는 경우에는 변제를 받을 때까지 그 물건 또는 유가증권을 유치할 권리를 가진다"라고 규정되어 있다. 동산과 유가증권 이외에 부동산도 유치권의 목적물이 될 수 있다.

유치권이 성립하려면 타인 소유의 물건이나 유가 증권을 적법하게 점유하여야 하며 당사자 간에 유치권을 배제한다는 특약이 없어야 한다. 또한 채권은 유치권의 목적물에 관하여 생긴 것이어야 하며 그 변제기가 도래하여야 한다.

유치권이 성립하면 유치권자는 채권 변제를 받기 위하여 유치물을 경매할 수 있다. 또한 채무자의 승낙이 있으면 유치물을 사용할 수 있다. 다만, 유치물의 보존에 필요한 경우에는 승낙이 없어도 사용이 가능하다. 유치권자는 선량한 관리자의 주의로 유치물을 점유해야 하며, 채무자의 승낙 없이 유치물의 사용, 대여 또는 담보 제공을 하지 못한다.

◎ 용 례 {유치권을} 주장하다. / {유치권이} 걸려 있어 임대사업을 할 수 없음에도 이를 속이고 ○○○에 건물을 팔아넘긴 시공사 대표와 시행사 관계자들이 재판에 넘겨졌다.《아시아투데이, 2021년 9월 7일》 / 충북 충주의 한 온천호텔 공사에 참여한 업체가 {유치권을} 주장하며 밤샘 농성을 벌여 주민이 불편을 호소하고 있다.《뉴스1, 2020년 7월 29일》

◎ 관련어 담보물권, 질권, 저당권.

◎ 출 전 「민법」(법률 제17905호, 2021. 1. 26.).
국가국어사정위원회·통계정보기술교류사(2017), 『거울사전 2.0』.
찾기 쉬운 생활법령정보(법제처), https://easylaw.go.kr

◎ 집필자 박상훈

이행강제금

履行强制金

법률상의 의무 이행을 보장하기 위해 의무 이행을 간접적으로 강제하는 강제집행 수단의 하나. 이행의 의무가 있는 사람이 의무 이행을 꺼리거나, 또는 절대로 해서는 안 되는 의무를 불법적으로 어기고자 하는 경우에, 일정 금액의 금전적인 부담을 지운다는 것을 사전에 의무자에게 알려 심리적 압박을 가함으로써 의무 이행을 간접적으로 촉구하는 행정절차이다.

남한과 사회 체제가 다른 북한에서는 이 용어가 쓰이지 않는다.

더 알아보기

이행강제금은 집행벌이라고도 하며 대집행, 직접강제, 강제징수와 더불어 강제집행에 속한다. 건축법(제80조), 농지법(제62조), 부동산실권리자 명의등기에 관한 법률(제6조), 독점규제 및 공정거래에 관한 법률(제17조의3) 등 각종 법률에서 명시하고 있다.

이행강제금은 반복적으로 부과가 가능하다는 점에서 다른 강제집행 절차와 달리 일사부재리 원칙이 적용되지 않는다. 과거의 이행을 하지 않은 것에 대한 제재가 아닌, 이행할 것을 촉구한다는 점에서도 다른 강제집행 행위와 구별된다. 또 행정벌과 병행하여 부과하여도 이중처벌이 아니며, 판례 또한 행정벌과 이행강제금의 부과를 명확하게 구별하고 있다.

이행강제금을 부과하는 부과처분과 집행 전 집행 사실을 통지하는 처분인 계고처분은 행정행위에 속한다. 따라서 이에 불복하는 경우에는 행정소송을 통해 다툴 수 있다. 단, 농지법 제62조 제7항에 따라 부과된 이행강제금의 경우에만 비송사건절차법에 의거하여 과태료에 준한 재판을 한다.

◎ 용 례 {이행강제금이} 부과되다. / 위법건축물은 원상복구 명령을 받거나 복구가 완료될 때까지 {이행강제금이} 부과된다. 상가라면 영업허가가 나오지 않고, 주거용 건물은 전세자금 대출이 안 나와 세입자를 구하기가 어렵다.《동아일보, 2021년 12월 24일》 / 만약 농사를 짓지 않은 채 농지를 계속 보유할 경우 {이행강제금을} 매기는 방안도 추진된다.《머니투데이, 2021년 3월 16일》

◎ 동의어 집행벌.

◎ 관련어 강제집행.

◎ 출 전 네이버 지식백과: 시사상식사전(박문각), https://terms.naver.com/entry.naver?docId=3544550&cid=43667&categoryId=43667

상식연구소(2021), 『부동산용어사전 1252』, 서원각.

◎ 집필자 이시우

임차권

賃借權, Right of Lease

임대차 계약에서 임차인이 해당 물건을 사용하고 이익을 얻을 수 있는 권리. 주택이나 상가건물의 임차인은 「주택임대차보호법」과 「상가건물 임대차보호법」에 따라 보호를 받는다.

남한과 사회 체제가 다른 북한에서는 이 용어가 쓰이지 않는다.

더 알아보기

주택 임대차는 등기를 하지 않아도 임차인이 주택의 인도와 주민등록을 마치면 그 다음 날부터 제3자에 대하여 효력이 생긴다. 상가건물 임대차의 경우에는 임차인이 건물의 인도와 사업자등록을 신청하면 그 다음 날부터 제3자에 대하여 효력이 생긴다.

임차인이 빌린 주택에 전입신고를 하면 대항력을 갖추게 되고, 확정일자까지 받으면 우선변제권이 생긴다. 그러나 임대차 기간이 끝났는데도 보증금을 돌려받지 못하고 이사를 가게 되면, 기존에 취득했던 대항력과 우선변제권을 상실하므로 보증금을 떼일 염려가 있다. 이때 임차인이 이용할 수 있는 제도가 '임차권등기명령제도'이다. 임차인이 임차주택의 소재지 관할 법원에 '임차권 등기 명령'을 신청하면 된다. 이렇게 임차권 등기를 마치면 다른 곳으로 이사를 가더라도 기존에 취득했던 대항력과 우선변제권을 그대로 유지할 수 있다. 이 제도는 상가건물 임대차의 경우에도 적용된다.

○ 용 례 {임차권을} 주장하다. / {임차권이} 소멸되다. / 시민의 주거 안정을 위한다는 민간 임대아파트에도 부동산 투기 바람이 일고 있습니다. 억대의 웃돈이 붙어 {임차권이} 되팔리고 있다는데, 이를 막을 마땅한 법조차 없어 더 큰 문제라는 지적입니다.《KBS뉴스, 2021년 10월 11일》

○ 관련어 임차권등기명령제도.

○ 출 전 「민법」(법률 제17905호, 2021. 1. 26.).
「상가건물 임대차보호법」(법률 제18675호, 2022. 1. 4.).
「주택임대차보호법」(법률 제17363호, 2020. 6. 9.).
찾기 쉬운 생활법령정보(법제처), https://easylaw.go.kr

○ 집필자 박상훈

잡종지

雜種地, Miscellaneous Area

「공간정보의 구축 및 관리 등에 관한 법률」에 의한 지목의 종류 중 하나. 갈대밭, 실외에 물건을 쌓아두는 곳, 돌을 캐는 곳, 흙을 파내는 곳, 야외시장, 비행장, 공동우물, 영구적 건축물 중 변전소, 송신소, 수신소, 송유시설, 도축장, 자동차운전학원, 쓰레기 및 오물처리장 등의 부지 및 다른 지목에 속하지 않는 토지를 말한다. 다만 원상회복을 조건으로 허가받아 돌을 캐내는 곳 또는 흙을 파내는 토지는 제외한다. 지적도 및 임야도에는 '(잡)'으로 표시한다.

남한과 사회 체제가 다른 북한에서는 이 용어가 쓰이지 않는다.

더 알아보기

잡종지는 현행법상 28개로 분류된 지목 중 다른 지목에는 속하지 않는 기타의 땅으로 볼 수 있다. 즉 잡다한 토양으로 구성되어 하나의 단위로 정할 수 없는 것들을 모두 하나로 묶은 것이다.

보통의 지목들은 원칙적으로 그 용도가 고정된다. 하지만 잡종지는 용도가 정해지지 않고 무한대라고 볼 수 있다. 예를 들어 잡종지에는 주유소나 운전학원, 납골당 및 주차장을 설치할 수도 있고 별다른 인허가 절차를 받지 않고도 토목공사 없이 건물의 신축이 가능하다. 그래서 투자 목적과 주변현황에 따라 부동산 투자의 가치가 있다고 본다.

용 례 {잡종지를} 매입하다. / 공공주택 조성사업 당시 토지 지목이 {잡종지로} 변경됐

더라도 도로와 하천으로서의 실체를 갖췄다면 무상귀속 대상이라는 판결이 나왔다.《법률신문, 2021년 4월 19일》 / 통상 태양광 사업 등을 목적으로 임야나 목장 용지에서 {잡종지로} 토지 목적이 변경되면 땅값이 오른다.《한국정책신문, 2020년 9월 15일》

관련어 지목.

출　전 「공간정보의 구축 및 관리 등에 관한 법률」(법률 제17893호, 2022. 1. 13.).

네이버 지식백과: 부동산용어사전, https://terms.naver.com/entry.naver?docId=6411349&cid=42094&categoryId=42094

미래와경영연구소(2018), 『부동산용어』, 미래와경영.

박진실(2019), 『공간정보의 구축 및 관리 등에 관한 법률』, 유페이퍼.

상식연구소(2021), 『부동산용어사전 1252』, 서원각.

집필자 이시우

재개발사업

再開發事業, Redevelopment Project

재개발 구역 안에서, 건축물 및 그 부지와 공공시설을 정비하는 사업. 기반시설이 열악하고 오래된 주택들이 많은 지역의 주거환경을 개선하거나, 상업지역 또는 공업지역 등에서 도시 기능을 회복하고 상권을 활성화하기 위하여 도시환경을 개선하는 사업을 말한다. 「도시 및 주거환경정비법」에 따라 시행되는 정비사업의 하나이다.

남한과 사회 체제가 다른 북한에서는 이 용어가 쓰이지 않는다.

더 알아보기

남한의 재개발사업은 정비기반시설이 열악하고 노후·불량건축물이 밀집한 지역에서 주거환경을 개선하거나 상업지역·공업지역 등에서 도시기능의 회복 및 상권활성화 등을 위하여 시행하는 사업을 말한다.(「도시 및 주거환경정비법」 제2조) 재개발사업은 조합이 시행하거나 조합이 조합원의 과반수의 동의를 받아 시장·군수, 토지주택공사, 건설업자, 등록사업자 또는 대통령령으로 정하는 요건을 갖춘 자와 공동으로 시행할 수 있다. 토지 소유자가 20인 미만인 경우에는 토지 소유자가 시행하거나 토지 소유자가 과반수의 동의를 받아 시장·군수, 토지주택공사, 건설업자, 등록사업자 또는 대통령령으로 정하는 요건을 갖춘 자와 공동으로 시행할 수 있다.

재개발사업을 위한 조합을 설립하려면 토지 등 소유자의 4분의 3 이상 및 토지 면적의 2분의 1 이상의 토지 소유자의 동의를 받아야 한다.

《 재개발사업 추진 절차 》

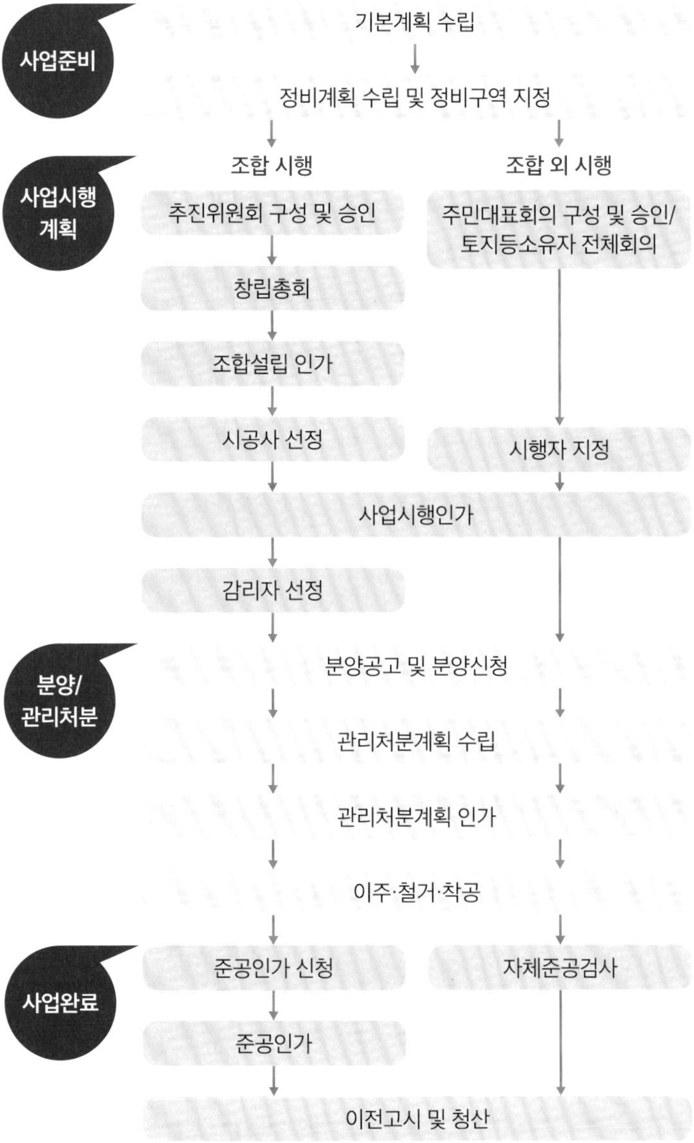

출처: 찾기 쉬운 생활법령정보(법제처), https://easylaw.go.kr

조합이 시행하는 재개발사업은 "기본계획 수립 → 정비계획 수립 및 정비구역 지정 → 추진위원회 구성 및 승인 → 조합설립 인가 → 시공사 선정 → 사업시행 인가 → 분양공고 및 분양신청 → 관리처분계획 수립 → 관리처분계획 인가 → 이주·철거·착공 → 준공인가 신청 → 준공인가 → 이전고시 및 청산의 순"으로 진행된다.

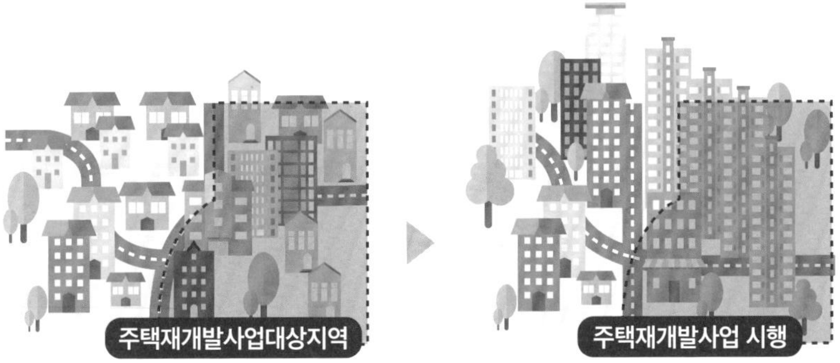

출처: 서울특별시 알기 쉬운 도시계획 용어,
https://urban.seoul.go.kr/view/mainPop/term.pop?type=add

- **용 례** {재개발사업을} 추진하다. / 시는 이번 조례 개정으로 서울 전역 307개 철도역 주변 역세권과 준공업지역에서 소규모 {재개발사업} 추진이 가능할 것으로 기대하고 있다.《뉴시스, 2022년 1월 5일》
- **관련어** 재건축사업, 주거환경개선사업, 가로주택정비사업.
- **출 전** 「도시 및 주거환경정비법」(법률 제17814호, 2020. 12. 31.).
서울특별시 알기 쉬운 도시계획 용어, https://urban.seoul.go.kr/view/mainPop/term.pop?type=add
- **집필자** 박상훈

재건축사업

再建築事業, Reconstruction Project

오래된 주택의 소유자들이 재건축 조합을 설립하여 자율적으로 주택을 짓는 사업. 오래된 주택들이 많은 지역의 주거환경을 개선하기 위한 사업으로, 「도시 및 주거환경정비법」에 따라 시행되는 정비사업의 하나이다.

남한과 사회 체제가 다른 북한에서는 이 용어가 쓰이지 않는다.

더 알아보기

남한에서의 '재건축사업'은 정비기반시설은 양호하나 노후·불량건축물에 해당하는 공동주택이 밀집한 지역에서 주거환경을 개선하기 위한 사업을 말한다.(「도시 및 주거환경정비법」 제2조) 재건축사업은 조합이 시행하거나 조합이 조합원의 과반수의 동의를 받아 시장·군수, 토지주택공사, 건설업자 또는 등록사업자와 공동으로 시행할 수 있다.

재건축사업을 위한 조합을 설립하려면, 주택 단지의 공동주택의 각 동별 구분소유자의 과반수 동의와 주택 단지의 전체 구분소유자의 4분의 3 이상 및 토지 면적의 4분의 3 이상의 토지 소유자의 동의를 받아야 한다.

조합이 시행하는 재건축사업은 "기본계획 수립 → 안전진단 → 정비계획 수립 및 정비구역 지정 → 추진위원회 구성 및 승인 → 조합설립 인가 → 시공사 선정 → 사업시행 인가 → 분양공고 및 분양신청 → 관리처분계획 수립 → 관리처분계획 인가 → 이주·철거·착공 → 준공인가 신청 → 준공인가 → 이전 고시 및 청산의 순"으로 진행된다.

《 재건축사업 추진 절차 》

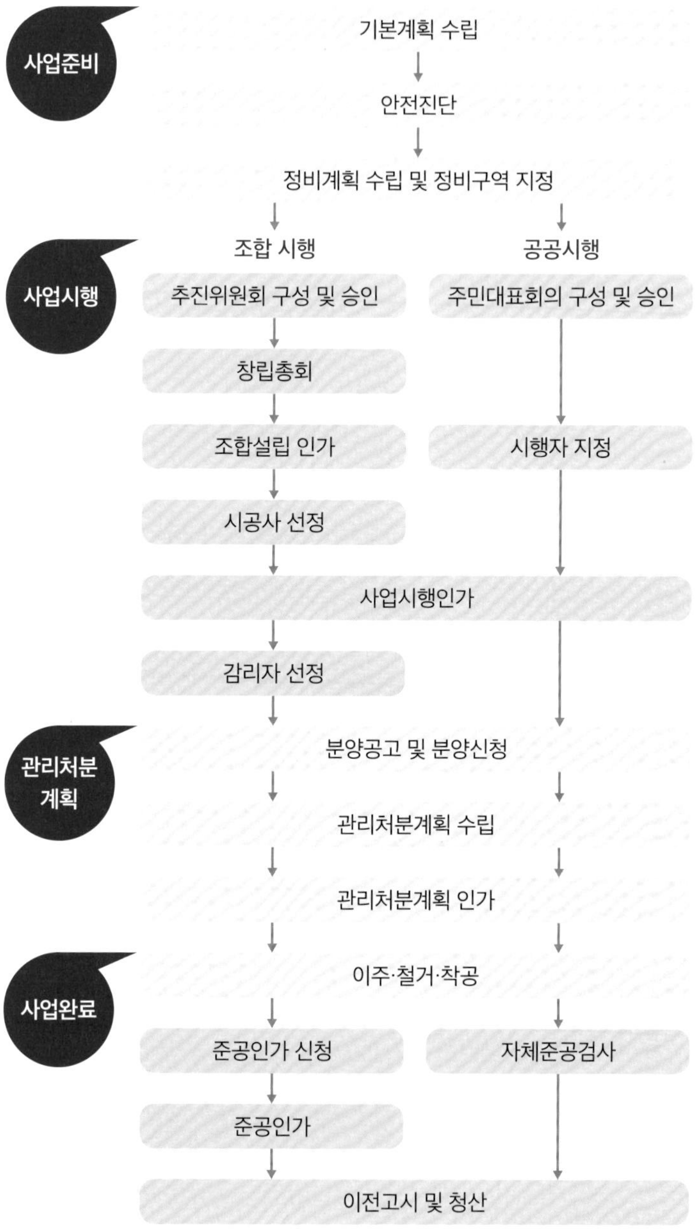

출처: 찾기 쉬운 생활법령정보(법제처), https://easylaw.go.kr

조합은 「재건축초과이익 환수에 관한 법률」의 규정에 따라 재건축사업에서 발생하는 재건축초과이익에 대해서 재건축부담금을 납부하여야 한다. 재건축부담금은 주택도시기금에 100분의 50, 해당 특별시·광역시·도에 100분의 30, 해당 특별자치시·특별자치도에 100분의 50, 해당 시·군·구에 100분의 20이 각각 귀속된다.

○ 용 례 서울시가 아파트 재건축 정비사업의 모든 과정을 한눈에 알 수 있는 '공동주택 재건축 업무 매뉴얼'을 발간한다고 29일 밝혔다. {재건축사업에} 대한 혼란과 사업 추진 과정에서의 어려움을 해소하기 위해서다.《뉴시스, 2021년 12월 29일》 / 안전진단은 {재건축사업을} 하기 위한 첫 관문이다. 정부가 재건축 규제 완화 일환으로 2018년 3월 평가 기준을 강화하면서 통과 문턱이 높아졌다.《시사저널이코노미, 2022년 1월 7일》

○ 관련어 재개발사업, 주거환경개선사업, 가로주택정비사업.

○ 출 전 「도시 및 주거환경정비법」(법률 제17814호, 2020. 12. 31.).
「재건축초과이익 환수에 관한 법률」(법률 제18315호, 2021. 7. 20.).
찾기 쉬운 생활법령정보(법제처), https://easylaw.go.kr

○ 집필자 박상훈

저당권

抵當權, Mortgage

채무가 이행되지 않았을 때, 채권자가 저당물에 대해 다른 채권자보다 먼저 변제를 받을 수 있는 권리.

북한의 『거울사전 2.0』(2017)에서는 '저당권'을 "채권자가 채무자가 정해진 기일까지 채무를 리행하지 않으면 점유이전이 없이 담보물로 제공받은 재산을 처분하여 나온 대금에서 자기의 채권을 다른 채권자들보다 먼저 실현할수 있는 권리."라고 설명하고 있다.

더 알아보기

남한에서 저당권은 채권자(저당권자)와 채무자(저당권설정자)의 저당권설정계약에 의하여 설정된다. 채무자가 여전히 담보물을 점유하기 때문에 제3자에게 저당권이 설정되어 있음을 알 수 있도록 하기 위하여 등기나 등록과 같은 공시방법을 갖추어야 한다. 채무자 이외에 제3자가 타인의 채무를 위하여 자신의 재산에 저당권을 설정해 줄 수도 있는데, 이때 이 제3자를 '물상보증인'이라고 한다. 부동산 이외에 지상권, 전세권이나 자동차, 항공기, 선박 등에도 저당권을 설정할 수 있다. 그러나 일반적인 동산에는 저당권을 설정할 수 없다.

채무자의 변제가 지체될 경우 채권자(저당권자)는 담보물을 경매에 넘겨 채권을 회수할 수 있다. 또한 담보로 제공받은 부동산에 대해 다른 채권자보다 우선하여 변제를 받을 권리를 가진다.

저당권은 그 담보한 채권과 분리하여 타인에게 양도하거나 다른 채권의 담보로 하지 못한다. 따라서 저당권의 양도가 필요한 경우에는 피담보채권과 함께 양도하여야 한다. 또한, 저당권으로 담보한 채권이 시효의 완성이나 기타 사유로 인하여 소멸한 경우에는 저당권도 함께 소멸한다.

- **용 례** {저당권을} 설정하다. / {저당권을} 실행하다. / 지입회사 운영자가 지입차량 주인의 동의 없이 차량에 {저당권을} 설정했다면, 배임죄에 해당한다는 대법원 판단이 나왔습니다.《KBS뉴스, 2021년 7월 11일》
- **관련어** 근저당권.
- **출 전** 「민법」(법률 제17905호, 2021. 1. 26.).
  국가국어사정위원회·통계정보기술교류사(2017), 『거울사전 2.0』.
  네이버 지식백과: 법률용어사전(법문북스), https://terms.naver.com/list.naver?cid=42131&categoryId=42131
  네이버 지식백과: 시사경제용어사전(기획재정부), https://terms.naver.com/list.naver?cid=43665&categoryId=43665
- **집필자** 박상훈

전대차

轉貸借, Sublease

빌린 물건이나 부동산을 다시 다른 사람에게 빌려주는 일. 부동산 거래에서는 임차인이 빌린 건물을 다시 제3자에게 임대하는 것을 가리킨다. 임차인이 전대차를 할 때에는 임대인의 동의를 얻어야 하며, 동의 없이 전대차를 하면 임대인은 임대차계약을 해지할 수 있다.

북한의 『거울사전 2.0』(2017)에서는 '전대차'를 '다시빌리기'와 동의어로 기술하면서 "물건을 빌린자가 빌린 물건을 제3자에게 빌려주는 행위. 우리 나라에서 빌리기계약에 따라 물건을 빌린자는 그 물건을 다시 제3자에게 빌려줄수 있다. 이 경우에 물건을 빌린자는 반드시 물건을 빌려준자의 사전승인을 받아야 한다. 승인을 받고 다시 빌려주었을 때에는 빌려준자와 빌린자사이에 종전의 빌리기계약관계가 그대로 남아있게 되며 빌린자와 다시 빌린자사이에는 새로운 빌리기계약관계가 발생한다. 승인을 받지 않고 제3자에게 물건을 다시 빌려준 경우에는 빌려준자가 이미 맺은 빌리기계약을 취소할수 있다."고 풀이하고 있다. 남한의 '전대차' 뜻과 거의 유사함을 알 수 있다.

더 알아보기

전대차란 임차인이 임차물을 다시 제3자에게 임대할 수 있게 하는 계약이다. 전대차계약의 당사자는 전대인(임차인)과 전차인(제3자)으로 이 둘 사이에 새로운 임대차 관계가 생기지만, 임차인과 임대인의 관계는 그대로 존속

한다. 전대차계약은 임대인의 동의 여부와 관계없이 전대인과 전차인 간의 계약으로 유효하게 성립한다. 그러나 임차인은 임대인의 동의 없이 임차물을 전대할 수 없으며, 임대인의 동의가 없는 경우 임대인은 임대차계약을 해지할 수 있다.

전세 세입자가 보증금을 보호하기 위하여 전세권 설정 등기를 해놓은 상태에서 제3자에게 다시 전세권을 설정해 주는 것을 '전전세'라고 한다. 전전세를 할 경우에는 집주인의 동의가 필요없다는 점에서 전대차와 다르다.

최근 전대차를 악용한 사기 사건이 종종 언론에 보도되고 있다. 전대차 사기란 자신도 임차인이면서 집주인 행세를 하며 피해자와 전세계약을 맺어 그 전세금을 가로채는 것을 말한다. 이러한 피해를 당하지 않으려면 등기부 등본 등을 통해 집주인과 임대인이 같은지 반드시 확인할 필요가 있다. 시세보다 지나치게 싼 전세 계약은 일단 의심해 볼 필요가 있다. 또한, 전대차 계약을 하는 경우에는 집주인의 동의서를 꼭 받아 두는 것이 좋다.

◯ 용 례 서울 지역 대학을 다니는 지방 출신 학생들 사이에서 자취방을 '{전대차(轉貸借)}' 매물로 내놓는 게 유행처럼 번지고 있다. 많은 대학이 온라인 강의 기간을 연장하고 있어 적어도 8월까지는 하숙이나 자취를 하지 않아도 되기 때문이다.《한국경제, 2020년 4월 8일》 / 임대인의 동의를 받은 {전대차의} 경우, 계약갱신요구권은 행사할 수 있으나, 권리금의 경우는 보호되지 않습니다.《YTN라디오, 2021년 5월 14일》

◯ 관련어 전전세.

◯ 출 전 「민법」(법률 제17905호, 2021. 1. 26.).
국가국어사징위원회·통세정보기술교류사(2017), 『거울사전 2.0』.
장희순·김성진(2020), 『부동산용어사전』, 부연사.
찾기 쉬운 생활법령정보(법제처), https://easylaw.go.kr

◯ 집필자 박상훈

전세권

傳貰權, Right to Lease on a Deposit Basis

전세금을 지불한 사람이 해당 부동산을 이용할 수 있는 권리. 전세권설정계약을 통하여 설정하며 등기하여야 효력이 생긴다.

남한과 사회 체제가 다른 북한에서는 이 용어가 쓰이지 않는다.

더 알아보기

전세나 월세 등 임대차 계약을 하는 경우 임차인은 보증금을 보호하기 위하여 확정일자를 받거나 전세권 설정 등기를 한다. 확정일자의 경우, 집주인의 동의가 필요 없고 절차가 간편하지만 전입신고와 실거주를 해야 하는 단점이 있다. 반면에 전세권 설정은 집주인의 동의가 필요하고 등기 비용이 들지만, 전세금을 돌려받지 못하면 바로 경매 청구를 할 수 있다.

용 례 {전세권을} 설정하다. / 사회복지시설 등 비영리단체들은 임대차보호를 받기 위해 확정일자가 아닌 {전세권} 등기가 필요한 것으로 나타났다.《이데일리, 2017년 5월 28일》 / ○○○보증보험이 법인을 대상으로 한 전세보증보험에 '{전세권} 설정'을 의무화한다. 개인과 다르게 {전세권} 설정을 안 한 법인 임차인은 우선변제권을 인정받지 못해 대출 사기에 노출될 위험이 크다는 판단에서다.《헤럴드경제, 2020년 11월 3일》

관련어 전세권설정등기.

출 전 「민법」(법률 제17905호, 2021. 1. 26.).
찾기 쉬운 생활법령정보(법제처), https://easylaw.go.kr

집필자 박상훈

전용면적

專用面積, Area for Exclusive Use

아파트, 오피스텔 등의 공동주택에서 출입구, 엘리베이터, 계단 등의 공용 면적을 뺀 나머지 바닥 면적. 각 세대가 독립적으로 사용하는 공간인 방과 거실, 주방, 화장실, 현관 등을 모두 합한 면적을 뜻한다. 발코니는 전용면적에서 제외된다.

남한과 사회 체제가 다른 북한에서는 이 용어가 쓰이지 않는다.

더 알아보기

아파트 분양 광고에서 흔히 볼 수 있는 '84m^2', '102m^2' 등은 그 아파트의 전용면적을 가리킨다. 전용면적 85m^2 이하는 소형 아파트, 86m^2부터 135m^2 이하는 중형 아파트, 135m^2를 넘으면 대형 아파트로 분류된다.

최근 분양하는 대부분의 아파트들은 발코니를 확장하여 실내 주거공간으로 사용할 수 있다. 발코니는 전용면적에서 제외되므로 전용면적이 같은 아파트라도 발코니를 확장한 아파트는 그렇지 않은 아파트에 비해 실제 사용 면적이 넓다.

용 례 '똘똘한 한 채' 선호 현상이 커지고 있는 가운데 분양 시장에서 국민 평형이라 불리는 {전용면적} 84m^2의 인기가 높다.《한국경제, 2021년 11월 29일》

관련어 공용면적, 분양면적, 공급면적, 계약면적, 서비스면적.

《 각종 아파트 면적을 구분하는 요령 》

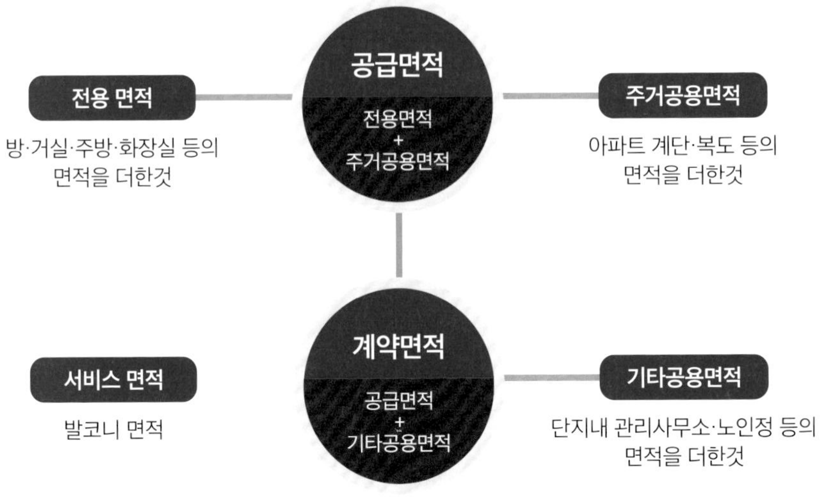

출처: 네이버 포스트: 국토교통부, https://post.naver.com/my.naver?memberNo=5113437

- **출 전** 네이버 포스트: 국토교통부, https://post.naver.com/my.naver?memberNo=5113437
  부동산 정보 포털 사이트 씨:리얼(한국토지주택공사), https://seereal.lh.or.kr
- **집필자** 박상훈

전월세상한제

傳月貰上限制

전세와 월세의 인상률에 상한선을 두어 일정한 범위 안에서만 가격을 올리도록 제한하는 제도. 세입자의 주거 안정을 위해 도입한 제도이다. 현행 「주택임대차보호법」에 따르면 전·월세 임대차 계약을 갱신할 때 보증금이나 월세를 5% 이내에서만 올리도록 제한되어 있다.

남한과 사회 체제가 다른 북한에서는 이 용어가 쓰이지 않는다.

더 알아보기

전월세상한제는 이른바 '임대차 3법' 중 하나이다. '임대차 3법'은 '계약갱신청구권제', '전월세상한제', '전월세신고제'를 가리킨다. 계약갱신청구권과 전월세상한제는 「주택임대차보호법」에 규정되어 있고, 전월세신고제는 「부동산 거래신고 등에 관한 법률」에 규정되어 있다. 계약갱신청구권제와 전월세상한제를 담은 「주택임대차보호법」 개정안은 2020년 7월 30일에 국회를 통과하여 7월 31일부터 시행되었다.

전월세상한제의 적용으로 임대인은 계약 갱신을 할 때 종전 임대료의 5%를 초과하여 인상할 수 없다. 다만, 지방자치단체는 지역별 임대차 시장 여건 등을 고려하여 5% 범위에서 증액 청구의 상한을 조례로 다르게 정할 수 있다. 만약 임차인이 5%를 초과하여 보증금이나 차임을 지급한 경우에는 초과 지급된 금액의 반환을 청구할 수 있다.

전월세상한제는 존속 중인 계약에서 임대료를 증액하거나 계약갱신청구권을 행사하는 경우에만 적용된다. 따라서, 새로운 임차인과 임대차 계약을 하는 경우에는 적용되지 않는다. 또한, 임대인과 임차인은 5% 범위 내에서 얼마든지 협의를 통해 임대료를 정할 수 있다. 그러나 합의가 이루어지지 않을 경우에는 임대인이나 임차인이 주택임대차분쟁조정위원회에 분쟁조정신청을 하거나 법원에 차임 증감청구 소송을 제기해야 한다.

○ 용 례 전세시장의 이중 가격은 '{전월세상한제}'(임대료 인상폭 5% 제한)를 적용받는 갱신계약과 이를 적용받지 않는 신규계약 간 전셋값 차이가 크게 벌어지는 것을 말한다.《헤럴드경제, 2021년 10월 7일》 / 업계에선 정부가 현재 기존 계약을 연장할 때만 적용되는 {전월세상한제를} 신규 계약으로 확대하는 등의 규제 강화책을 내놓을 수 있다는 전망이 조심스럽게 제기된다.《아시아경제, 2021년 9월 23일》

○ 관련어 계약갱신청구권제, 전월세신고제, 임대차 3법.

○ 출 전 「주택임대차보호법」(법률 제17363호, 2020. 6. 9.).

법무부·국토교통부(2020.8.), 「2020년 7월 31일 개정 '주택임대차보호법' 해설집」.

찾기 쉬운 생활법령정보(법제처), https://easylaw.go.kr

○ 집필자 박상훈

전월세신고제

傳月貰申告制

임대인과 임차인이 임대차 계약을 한 날로부터 30일 이내에 계약 내용을 관할 관청에 신고하도록 한 제도. 임대차 보증금이 6천만 원을 넘거나 월 차임이 30만 원을 넘는 임대차 계약(금액 변동 없는 갱신 계약은 제외)에 적용된다.

남한과 사회 체제가 다른 북한에서는 이 용어가 쓰이지 않는다.

더 알아보기

전월세신고제는 이른바 '임대차 3법' 중 하나이다. '임대차 3법'은 '계약갱신청구권제', '전월세상한제', '전월세신고제'를 말하는데, 계약갱신청구권과 전월세상한제는 「주택임대차보호법」에 규정되어 있고, 전월세신고제는 「부동산 거래신고 등에 관한 법률」에 규정되어 있다. 이 가운데 전월세신고제를 담은 「부동산 거래신고 등에 관한 법률」 개정안은 2020년 8월 4일에 국회 본회의를 통과하여 2021년 6월 1일부터 시행되었다.

전월세신고제에 따라 전·월세 주택 임대차 계약을 한 경우 임대인과 임차인은 공동으로 계약한 날로부터 30일 이내에 주택 소재지 관할 관청에 계약 기간, 임대료 등 계약 내용을 신고하여야 한다. 만약 당사자 중 한쪽이 신고를 거부하면 단독으로 신고할 수 있으며, 임대차 신고 시에 임대차계약서를 제출한 경우 확정일자가 부여된 것으로 본다.

전월세신고제는 임대차 보증금이 6천만 원을 초과하거나 월 차임이

30만 원을 초과하는 임대차 계약(임대차 계약을 갱신하는 경우로서 보증금 및 차임의 증감 없이 임대차 기간만 연장하는 경우는 제외함)에 대하여 적용된다. 또한 적용 지역은 수도권(서울, 경기도, 인천) 전역, 광역시, 세종시, 제주시 및 도의 시 지역(군 단위 제외)이다.

주택 임대차 계약 신고는 임대한 주택의 관할 읍·면·동 주민센터를 방문하여 오프라인으로 신고하거나 부동산거래관리시스템https://rtms.molit.go.kr에서 온라인으로 신고할 수 있다.

주택 임대차 계약의 신고 또는 주택 임대차 계약의 변경 및 해제 신고를 하지 않거나(공동신고를 거부한 자를 포함) 그 신고를 거짓으로 한 자는 100만 원 이하의 과태료가 부과된다. 단, 시행일로부터 1년(2021. 6. 1.~2022. 5. 31.)간은 계도 기간으로 과태료가 부과되지 않는다.

용 례 {전월세신고제} 도입 이후 지난 5개월 간 이뤄진 임대차 계약 중 갱신 거래는 20% 수준에 불과했고 이 중 절반만 갱신요구권을 사용한 것으로 나타났습니다.《SBS Biz, 2021년 12월 1일》 / {전월세신고제는} 제도 도입 때부터 임대차신고 정보가 집주인의 임대소득 과세정보로 활용될 지 모른다는 우려가 존재했었다.《헤럴드경제, 2021년 11월 30일》

동의어 주택임대차신고제.

관련어 계약갱신청구권제, 전월세상한제, 임대차 3법.

출 전 「부동산 거래신고 등에 관한 법률」(법률 제17483호, 2020. 8. 18.).
부동산거래관리시스템(국토교통부), https://rtms.molit.go.kr
주택임대차신고제 홍보 리플렛(국토교통부 부동산거래관리시스템), https://rtms.molit.go.kr/wc/lm/egovLmList.do?bullCd=1
찾기 쉬운 생활법령정보(법제처), https://easylaw.go.kr

집필자 박상훈

공동 신고

행위 주체	행위	비고
임대인+임차인	신고	계약서 첨부
행정복지센터 (공무원)	↓ 접수	
행위 주체 (공무원)	↓ 승인+확정일자	

단독 신고

행위 주체	행위	비고
임차인	신고	
행정복지센터 (공무원)	↓ 접수	
행위 주체 (공무원)	↓ 승인	문자안내 (임대인)

계약서 미첨부 계약 상대방이 신고를 거부하는 경우

- 임대인이 30일이내 미신고시 임대인은 과태료 부과 대상
- 오프라인신고 → 공무원입력, 온라인신고 → 신고인입력

출처: 주택임대차신고제 홍보 리플렛(국토교통부 부동산거래관리시스템)

전입신고

轉入申告, Move-in Report

이사를 했을 때 새로 살게 된 곳의 관할 기관에 그 사실을 알리는 일. 이사한 날로부터 14일 이내에 하여야 하며, 새로운 거주지의 읍·면사무소나 동 주민센터에 방문하거나 정부24 홈페이지www.gov.kr에서 하면 된다.

남한과 사회 체제가 다른 북한에서는 이 용어가 쓰이지 않는다. 다만, 남한의 '전입신고'와 비슷한 뜻으로 쓰이는 용어로 북한에는 '거주등록'이 있다. 『조선말대사전』(2017)에는 "머물러사는 곳의 주소를 법적으로 문건에 올리는 것"이라고 풀이하고 있다.

더 알아보기

남한에서 임차인이 임차주택에 입주하고 전입신고를 하면 「주택임대차보호법」에 따른 대항력이 생긴다. '대항력'이란 임차인이 '임차주택의 양수인', '임대할 권리를 승계한 사람', '그 밖에 임차주택에 관해 이해관계를 가지고 있는 사람'에게 임대차의 내용을 주장할 수 있는 법률상의 힘을 말한다. 임대차는 등기를 하지 않더라도 임차인이 입주와 전입신고를 마친 때에는 그 다음 날부터 대항력이 생긴다. 여기에 확정일자까지 받으면 우선변제권이 생겨, 임차주택이 경매에 들어갈 경우 후순위 권리자보다 우선적으로 보증금을 돌려받을 수 있다.

전입신고는 새로운 거주지로 이사한 날로부터 14일 이내에 하여야 한다. 정당한 사유 없이 14일 이내에 전입신고를 하지 않은 경우 5만 원 이하의 과태료가 부과된다.

《 전입신고서 서식 》

■ 주민등록법 시행령 [별지 제15호서식] <개정 2017. 11. 28.>

전입신고서(세대 모두 이동)

※ 이 신고서는 세대가 모두 이동하며, 세대주 변경이 없는 경우에만 작성합니다.

접수 번호		신고일 년 월 일	
전입자 (신고인)	성명 (서명 또는 인)	주민등록번호	연락처
전에 살던 곳	(시·도)	(시·군·구)	※ 시·도, 시·군·구까지만 작성 (상세 주소는 작성하지 않아도 됩니다.)
현재 사는 곳 (이사한 곳)	세대주 성명(※ 세대주가 신고할 때에는 작성하지 않습니다.) (서명 또는 인)		연락처
	주소		
	다가구주택 명칭 동 층 호		※ 구분 등기가 되어 있지 않은 다가구주택인 경우 작성 (예: 무궁화빌라, 1동 1층 2호)
전입 사유 (※주된 1가지)	[ ] 직업 (취업, 사업, 직장 이전 등) [ ] 가족 (가족과 함께 거주, 결혼, 분가 등) [ ] 주택 (주택 구입, 계약 만료, 집세, 재개발 등) [ ] 그 밖의 사유 ( )		[ ] 교육 (진학, 학업, 자녀 교육 등) [ ] 주거 환경 (교통, 문화·편의 시설 등) [ ] 자연 환경 (건강, 공해, 전원생활 등)

읍·면·동장 및 출장소장 귀하

유의사항

1. 전입신고는 신거주지에 전입한 날부터 14일 이내에 현 거주지에서 해야 하며, 전입신고 내용의 사실 여부는 통장·이장이 사후에 확인하며, 거짓으로 신고한 것이 확인되면 처벌을 받습니다.
   - 정당한 사유 없이 14일 이내에 신고를 하지 않으면 5만 원 이하의 과태료를 물게 되며, 거짓으로 신고한 경우에는 3년 이하의 징역형 또는 3천만원 이하의 벌금형을 받게 됩니다.(「주민등록법」 제37조 및 제40조)
2. 거짓 전입 및 무단 전출을 하면 신고한 최종 주소지에 '거주불명 등록' 될 수 있고, '거주불명 등록' 후 1년 내에 실제 거주지에 재등록하지 않으면 최종 주소지 관할 읍·면사무소 또는 동 주민센터의 주소를 행정상 관리주소로 하여 거주불명 등록을 할 수 있습니다.
3. 전입 사유 칸은 「통계법」에 따라 인구 이동 통계 작성을 위한 자료로 활용됩니다. 같은 법 제32조에 따라 성실하게 응답해야 할 의무가 있으며, 같은 법 제33조에 따라 비밀이 보호되고, 전입 사유 칸의 내용은 통계 작성의 목적으로만 사용됩니다.

작성방법

1. '연락처'는 도로명주소 등 신고인에게 필요한 사항을 알리고 도우려는 목적으로만 이용되니 연락처가 바뀔 때에는 관할 읍·면사무소 또는 동 주민센터에 알려 주시기 바라며, 희망하는 사람만 연락처를 쓰기 바랍니다.
2. 전입 주소가 다가구주택인 경우에 '주택 명칭·층·호수'는 주민등록 관리 등을 위해 필요한 사항으로 원하는 사람만 작성하면 되고, 공법상 주소로는 인정되지 않으며, 공무상 필요한 경우 국가나 지방자치단체에 제공될 수 있으며, 이를 작성하지 않아 우편물 등이 송달되지 않는 책임은 본인에게 있습니다.

※ 다만, 「도로명주소법」에 의한 상세 주소(동·층·호)가 부여된 경우 공법상 주소로 전입신고 가능합니다.

※ 우편물 전입지 전송 서비스를 신청하는 사람만 작성합니다.

우편물 전입지 전송(전입신고 3일 후부터 3개월) 서비스 신청서 및 개인 정보 제공 동의서

이 서비스는 전에 살던 주소지로 배달되던 우편물을 전입신고한 주소로 배달하는 서비스로서 세대주 및 세대원의 개인 정보가 우체국으로 제공되므로 신청인의 동의가 필요합니다.(전입지 전송 서비스 신청 후 새로운 곳으로 다시 전입신고한 경우 기존에 신청한 건은 자동으로 삭제되며, 직전 주소지에서 새로 전입신고한 주소지로만 서비스가 제공됩니다)

■ 제공 항목: 동의하는 세대주 및 세대원의 성명, 주소, 전화번호(휴대전화 번호)

○ 우편물 전송을 받으려 하는 세대주 및 세대원 성명 작성:

○ 신청인 전화번호: ☎ - - (휴대전화: - -)

[ ] 위의 사항을 확인하였고 정보 제공에 동의합니다.

신청인 (서명 또는 인)

210mm×297mm[백상지 80g/㎡(재활용품)]

출전: 「주민등록법 시행령」[별지 제15호 서식] 전입신고서.

◎ 용　례　{전입신고를} 하다. / 행안부는 정부24를 통한 온라인 {전입신고가} 2009년부터 시행됐는데도 주민센터를 직접 방문해 전입신고하는 경우가 78.8%에 이르고 있다면서, 디지털 취약 계층의 행정 접근성이 높아질 것으로 기대된다고 밝혔습니다.《KBS뉴스, 2020년 10월 26일》

◎ 반의어　전출신고.

◎ 관련어　주민등록, 확정일자, 대항력, 우선변제권.

◎ 출　전　「주민등록법 시행령」(대통령령 제32340호, 2022. 1. 18.).
「주택임대차보호법」(법률 제17363호, 2020. 6. 9.).
사회과학출판사 편(2017),『조선말대사전』, 사회과학출판사.
찾기 쉬운 생활법령정보(법제처), https://easylaw.go.kr

◎ 집필자　박상훈

점유권

占有權, Possessory Right

물건을 가진 점유자가 그 물건에 대하여 가지는 권리. 그 물건을 지배할 정당한 권리가 있는지에 관계없이, 실제로 물건을 점유하고 있는 상태를 권리로 인정한다. 예를 들어, 도둑에게는 훔친 물건에 대한 소유권은 인정되지 않지만 점유권은 인정되기 때문에 그 물건의 원소유자라도 도둑이 점유하고 있는 물건을 함부로 빼앗을 수 없다.

북한은 남한과 법 제도가 달라서 '점유권'의 의미에도 약간의 차이가 있다. 북한의 『거울사전 2.0』(2017)에서는 '점유권'에 대해 "물건을 자기 관할밑에 둘수 있는 권리. 물건을 자기 관할밑에 둔다는것은 물건을 현실적으로 차지하는것과 함께 현실적으로 차지하지는 않지만 어느때든지 현실적으로 차지할수 있는 상태에 있는것도 의미한다. 례하면 물건임자가 다른 사람의 눈을 피하기 위해 자기 물건을 집에서 떨어진 어떤 장소에 묻어둔것도 그가 차지하고있는것으로 본다."고 설명하고 있다.

더 알아보기

물건을 사실상 지배하는 사람이 점유권을 가지며, 점유권을 가진 사람이 사망한 경우에는 그 상속인에게 점유권이 상속된다. 점유권의 양도는 점유물의 인도로 그 효력이 생긴다. 또한, 점유를 승계하는 사람은 자기의 점유만을 주장하거나 자기의 점유와 전점유자의 점유를 함께 주장할 수 있다. 물건에 대한 사실상의 지배를 잃게 되면 점유권은 소멸한다.

지상권, 전세권, 질권, 사용대차, 임대차 등 일정한 법률관계로 인하여 타인에게 물건을 점유하게 한 자는 간접으로 점유권이 있다. 임대차의 경우, 임대인이 임차인을 매개로 하여 임차물을 간접점유하고 있는 것으로 본다.

가사상, 영업상 기타 유사한 관계에 의하여 타인의 지시를 받아 물건에 대한 사실상의 지배를 하는 때에는 그 타인만을 점유자로 한다. 이때 물건에 대한 사실상의 지배를 하는 자를 '점유보조자'라고 한다. 예를 들면, 상점에 고용된 점원은 상점 주인의 지시를 받아 상점 안의 물건을 사실상 지배하고 있으므로 점유보조자가 되고, 상점 주인은 점유자가 된다. 점유보조자는 제3자에 대해서 점유권을 주장할 수 없다.

점유자는 '점유물반환청구권', '점유물방해제거청구권', '점유물방해예방청구권' 등의 점유보호청구권을 가진다. 따라서, 점유를 빼앗겼을 때에는 그 물건의 반환 및 손해의 배상을 청구할 수 있고, 점유의 방해를 받거나 그럴 염려가 있는 때에는 그 방해의 제거나 예방을 청구할 수 있다.

용 례 {점유권을} 취득하다. / {점유권을} 주장하다. / 임차인이 자신의 짐을 다 뺐어도 출입문 열쇠를 가지고 있었다면 {점유권이} 인정돼 주인 집에 몰래 들어가더라도 주거침입 혐의로 처벌할 수 없다는 대법원의 확정 판결이 나왔다.《서울경제, 2012년 11월 27일》 / 서울시와 국가는 서울 시내를 지나는 경부고속도로 구간 중 서울시 소유로 등기된 서울 서초구 원지동 일대 14필지의 {점유권을} 놓고 법적 다툼을 벌여왔습니다.《KBS뉴스, 2019년 1월 21일》

관련어 간접점유, 점유보조자.

출 전 「민법」(법률 제17905호, 2021. 1. 26.).
국가국어사정위원회·통계정보기술교류사(2017),『거울사전 2.0』.
네이버 지식백과: 법률용어사전(법문북스), https://terms.naver.com/list.naver?cid=42131&categoryId=42131
찾기 쉬운 생활법령정보(법제처), https://easylaw.go.kr

집필자 박상훈

조정대상지역

調整對象地域, Area Subject to Adjustment

주택의 가격, 청약경쟁률, 분양권 전매량 및 주택보급률 등을 고려하였을 때 주택 분양 등이 과열되어 있거나 과열될 우려가 있다고 판단될 때 국토교통부 장관이 지정하는 지역. 조정대상지역으로 지정되면 주택담보대출을 할 때 주택담보인정비율LTV과 총부채상환비율DTI의 제한을 받게 되는 것은 물론 분양권 전매와 1순위 청약 자격 등에서도 규제를 받는다.

남한과 사회 체제가 다른 북한에서는 이 용어가 쓰이지 않는다.

더 알아보기

국토교통부장관은 과열지역이나 위축지역을 주거정책심의위원회의 심의를 거쳐 조정대상지역으로 지정할 수 있다.

먼저 과열지역이란 직전월부터 소급하여 주택공급이 있었던 2개월 동안 해당 지역에서 공급되는 주택의 월평균 청약경쟁률이 모두 5 대 1을 초과하였거나 국민주택규모 주택의 월평균 청약경쟁률이 모두 10 대 1을 초과한 지역, 직전월부터 소급하여 3개월간의 분양권 전매거래량이 전년 동기 대비 30퍼센트 이상 증가한 지역, 시·도별 주택보급률 또는 자가주택비율이 전국 평균 이하인 지역을 의미한다.

위축지역이란 직전월부터 소급하여 3개월 연속 주택매매 거래량이 전년 동기 대비 20퍼센트 이상 감소한 지역, 직전월부터 소급하여 3개월간의 평균 미분양주택의 수가 전년 동기 대비 2배 이상인 지역, 시·도별 주택보급률 또는 자가주택비율이 전국 평균을 초과하는 지역을 의미한다.

국토교통부장관이 조정대상지역을 지정하는 경우에는 미리 시·도지사의 의견을 들어야 한다. 또 조정대상지역을 지정하였을 때에는 지체 없이 이를 공고하고, 그 조정대상지역을 관할하는 시장·군수·구청장에게 공고 내용을 통보하여야 한다.

국토교통부장관은 조정대상지역으로 유지할 필요가 없다고 판단되는 경우에는 주거정책심의위원회의 심의를 거쳐 조정대상지역의 지정을 해제하여야 한다. 또 조정대상지역으로 지정된 지역의 시·도지사 또는 시장·군수·구청장은 조정대상지역 지정 후 해당 지역의 주택가격이 안정되는 등 조정대상지역으로 유지할 필요가 없다고 판단되는 경우에는 국토교통부장관에게 그 지정의 해제를 요청할 수 있다.

○ 용 례 {조정대상지역} 해제. / {조정대상지역으로} 지정되다. / 대구시는 최근 주택 미분양 물량이 전국 상위권을 차지하는 등 대구 부동산시장 침체가 본격화되고 있다며 {조정대상지역} 해제를 요구하고 있다.《한스경제, 2021년 12월 26일》 / 현행 '건축물의 분양에 관한 법률 시행령'에 따르면 투기과열지구나 {조정대상지역에서} 공급되는 100실 이상 규모의 오피스텔은 소유권 이전 등기일까지 전매가 금지된다.《매일경제, 2022년 1월 25일》

○ 관련어 투기지역, 투기과열지구.

○ 출 전 「주택법」(법률 제16870호, 2020. 1. 23.).
네이버 지식백과: 시사상식사전(박문각), https://terms.naver.com/entry.naver?docId=5863197&cid=43667&categoryId=43667

○ 집필자 이시우

종합부동산세

綜合不動産稅, Comprehensive Real Estate Holding Tax

남한의 재산세의 하나. 일정 기준을 초과하는 토지와 주택 소유자에 대해 국세청이 별도로 누진 세율을 적용하여 부과하는 세금이다. 종합부동산세는 고가의 부동산을 다수 소유하고 있는 부동산 과다 보유계층에 대한 높은 금액의 세금 징수를 통해 부동산 과다 소유 및 투기 억제의 효과를 노린 것이다.

북한에는 인민에게 직접 부과하는 공식적인 세금이 없는 것으로 알려져 있다. 북한 『거울사전 2.0』(2017)의 '세금제도'라는 표제어에서는, "주민들의 세금부담을 계통적으로 낮추어온 우리 나라에서는 1974년 4월 1일부터 낡은 사회의 유물인 세금제도가 완전히 없어짐으로써 우리 나라는 세계에서 세금없는 첫 나라로 되였다."고 설명되어 있다. 따라서 북한에서는 이 용어가 쓰이지 않는다.

더 알아보기

남한에서는 부동산을 구매하면 '취득세'를 내고, 부동산을 가지고 있으면 '재산세'를 내며, 그 부동산을 팔면 수익에 대해 '양도소득세'를 낸다. '종합부동산세'는 부동산을 가지고 있는 사람 중 고가의 부동산을 가진 사람만 내는 특별한 재산세이다.

종합부동산세는 세금 납부의 형평성을 맞추고 부동산 가격을 안정시키며, 지방 재정을 균형적으로 발전시켜 국가경제의 건전한 발전을 도모하려는 목적으로 2005년 6월부터 시행되었다. 이러한 종합부동산세는 주택에 대한 종합부동산세와 토지에 대한 종합부동산세를 합한 금액인데, 종합부동산세는 해당 부동산의 가격에 따라 조세의 부담 비율이 다르다.

과세 절차는 매년 6월 1일인 과세기준일 당시, 국내에 있는 재산세 과세 대상인 주택 및 토지를 유형별로 구분하여 인별로 합산한 결과, 그 공시가격 합계액이 각 유형별로 공제금액을 초과하는 경우 그 초과분에 대하여 과세된다. 다시 말해서 1차로 부동산 소재지 관할 시·군·구에서 관내 부동산을 과세 유형별로 구분하여 재산세를 부과한 뒤에, 2차로 각 유형별 공제액을 초과하는 부분에 대하여 주소지(본점 소재지) 관할세무서에서 종합부동산세를 부과한다. 종합부동산세는 매년 12월 1일부터 15일 사이에 납부하면 된다.

《 종합부동산세 개인 세율 - '21년 이후 》

주택(일반)		주택(조정2,3주택 이상)		종합합산 토지분		별도합산 토지분	
과세표준	서울	과세표준	서울	과세표준	서울	과세표준	서울
3억 원 이하	0.6%	3억 원 이하	1.2%	15억 원 이하	1%	200억 원 이하	0.5%
6억 원 이하	0.8%	6억원 이하	1.6%				
12억 원 이하	1.2%	12억원 이하	2.2%	45억 원 이하	2%	400억 원 이하	0.6%
50억 원 이하	1.6%	50억원 이하	3.6%				
94억 원 이하	2.2%	94억원 이하	5.0%	45억 원 초과	3%	400억 원 초과	0.7%
94억 원 초과	3.0%	94억원 초과	6.0%				

출처: 국세청 홈페이지

《 종합부동산세 법인 세율 - '21년 이후 》

주택(일반)		주택(조정2,3주택 이상)		종합합산 토지분		별도합산 토지분	
과세표준	서울	과세표준	서울	과세표준	서울	과세표준	서울
3억 원 이하	3%	3억 원 이하	6%	15억 원 이하	1%	200억 원 이하	0.5%
6억 원 이하		6억원 이하					
12억 원 이하		12억원 이하		45억 원 이하	2%	400억 원 이하	0.6%
50억 원 이하		50억원 이하					
94억 원 이하		94억원 이하		45억 원 초과	3%	400억 원 초과	0.7%
94억 원 초과		94억원 초과					

출처: 국세청 홈페이지

○ 용 례 {종합부동산세를} 부과하다. / {종합부동산세를} 납부하다. / 부동산 가격 상승과 정부의 공시가 현실화 등의 여파로 서울·수도권뿐 아니라 전국 17개 시·도에서 모두 {종합부동산세} 납부 대상자가 크게 늘어난 것으로 나타났다.《아시아경제, 2021년 12월 13일》 / 주택 가격 상승폭이 컸던 2020년과 2021년 상반기 다주택자들이 양도세 중과와 {종합부동산세} 부담을 줄이려고 대거 증여에 나섰다가 증여가 어느 정도 마무리됨에 따라 지난해 하반기부터 40세 미만 청장년층 수증인이 가파르게 감소한 것으로 보인다.《경향신문, 2022년 1월 17일》

○ 관련어 양도소득세, 취득세.

○ 출 전 「종합부동산세법」(법률 제18449호, 2021. 9. 14.).

국가국어사정위원회·통계정보기술교류사(2017), 『거울사전 2.0』.

국세청 홈택스, https://www.hometax.go.kr

국세청 홈페이지, https://www.nts.go.kr

국세청(2021), 「생활세금 시리즈」.

국세청·행정안전부(2021), 「주택과 세금」.

미래와경영연구소(2018), 『부동산용어』, 미래와경영.

상식연구소(2021), 『부동산용어사전 1252』, 서원각.

○ 집필자 이시우

쉬어가기

북한에도 토지세가 있을까?

북한은 “세금 없는 나라”로 자칭한다. 북한에서는 “세금제도를 완전히 없앨 데 대하여”라는 최고인민회의 법령을 공포하고 1974년 4월 1일부터 공식적으로 세금 제도를 폐지했다. 그러므로 북한에는 공식적으로 세금이 없었으며 토지세도 당연히 없었다.

그렇다면 국가 운영에 필요한 자금을 어디서 얻을 수 있었을까? 1980년대까지 북한에서는 공장과 토지 등을 국가가 직접 소유하고 운영했었다. 따라서 국가가 기업을 운영하면서 얻은 이윤에서 국가 재정 자금을 충당했으므로 개인들에게 세금을 받을 필요가 없었다. 그러나 1990년 이후 많은 국가 기업들이 가동을 멈추면서 북한 당국은 극심한 재정 부족 상황에 놓이게 되었다. 북한은 부족한 재정을 보충하기 위한 대책으로 부동산에 세금을 부과하기 시작했다. 그렇지만 지금까지 세금이 없는 나라라고 선전하던 상황에서 세금 제도를 공식적으로 부활한다고 할 수는 없었기에, ‘세금’이라는 명목 대신 ‘토지 사용료’라는 이름으로 세금을 징수하고 있는 것이다.

남한에도 공공재산에 대한 임대료와 사용료가 있으며, 이는 지방자치단체의 중요한 재정 원천이다. 북한에서의 토지 사용료 납부 규정은 ‘2002년 7월 31일 조선민주주의인민공화국 내각결정 제53호’로 승인되었다. 이후 ‘국가예산수입법(2005)’, ‘농업법 (2009)’, ‘부동산관리법(2009)’에서 공식적으로 규정되었다. 토지 사용료는 2006년부터 공식적인 국가예산수입 항목으로 발표하고 있다.

북한 사전 <거울 2.0>에서는 '토지 사용료'에 대해 다음과 같이 정의하고 있다.

> "토지를 리용한 단위들이 국가에 바치는 사용료. 토지 사용료는 공업, 농업, 산림업, 강하천, 주민지구, 특수대상, 특수경제지대를 비롯한 여러 부문들의 토지를 리용하는 대가로 일정한 금액을 정해진 기간에 납부하는 방법으로 국가예산에 들여놓게 된다. 토지 사용료는 산업부문별, 대상별로 토지의 리용기준면적을 주고 해당한 토지가격에 국가가 정한 일정한 토지 사용료비률을 걸어 계산된다. …"

북한에서 토지를 이용하는 주체는 '협동농장', '기관 기업소', '개인'이다. 북한에서 농업생산을 전문으로 하는 기관은 협동농장이므로 대부분의 농토 이용권은 협동농장에 있다. 그 외 공장과 기관은 부업 형식의 농·목장을 가지고 있으며, 상업기관에서는 원료기지 명목의 토지를 가지고 있다. 개인은 협동 농장원의 경우 30평, 그 외 주민들은 10평까지의 텃밭을 가질 수 있었다. 그러나 고난의 행군을 겪으면서 북한에서는 개인들이 자체적으로 식량 문제를 해결하기 위해 불법으로 토지(소토지, 부대기발, 화전)를 개간하기 시작했고, 이에 대한 음성적인 경작권마저 형성되었다.

북한 당국은 공식적으로 토지 사용료를 부과하기 위해 토지를 이용하는 기관, 기업소의 토지 등록을 의무화했다. 개인의 토지는 본인이 직접 등록하기보다는 국가가 직접 조사하여 등록하는 것이 일반적이다. 토지 사용료는 농업생산을 전문으로 하는 기관에는 낮게 부과하고, 부업 형식의 농·목장, 원료기지, 개인 토지 등에는 높게 부과하는 원칙을 우선 적용하며 토지 부류별, 지목별, 등급별로 납부하도록 규정하고 있다.

이러한 토지 사용료 징수 과정에 문제가 많이 불거지는 것은 개인이 부치는 밭에 부과하는 사용료이다. 고난의 행군 시기에 개인이 개간한 토지는 '척박하고 오르내리기 어려운 산비탈', '수해가 나면 잠기곤 하는 강 유역' 등의 농사짓기가 거의 불가능한 곳이 대부분이었다. 이를 일구어 농토로 만든 것이므로 수확량도 매우 적은 편이다. 그러므로 초기에는 개인들이 불법으로 개간한 뙈기밭에 대해서는 평당 12원을 징수했는데, 이후 토지 사용료가 계속 오르고 있는 추세다. 개인 소유 토지 사용료의 결정권은 지방정권기관에 있으며, 그 사용료는 지방예산 수입에 귀속된다. 이런 이유로 지방정권기관들은 부족한 예산을 충당하기 위해 개인의 토지 사용료를 계속 올리고 있는 것이다. 그러나 일관된 기준이 없다 보니 주민들은 정권기관이 정하는 대로 낼 수밖에 없는 상황이다. 최근에는 1평(3.3m^2)당 북한 돈 1,000원(0.13$)을 징수하고 있으며, 평당 옥수수 1kg을 수확하는 산간 지역의 토지에서 전체 생산량의 50%를 받아 내는 곳까지 있다고 전해진다. 문제는 이런 토지 사용료의 징수 과정이 일관되고 투명하지 않다는 데 있다. 그러다 보니 토지 사용료의 징수 과정에서 뇌물이 오고 가며, 그 과정에서 불법적인 타협이 이루어지기도 한다.

최근 협동농장에서도 개인 도급제를 실시하면서 토지 사용료 문제가 불거지고 있다. 일부 농장에서는 토지를 나누어 농장원들에게 농사짓게 하면서 부족한 영농자금을 보충하기 위해 토지 임대료를 선불로 내도록 하고 있어 농장원들의 원망을 사고 있다. 가을보다 적게 받는다고는 하지만 현금이 부족한 농장원들이 봄철에 임대료를 선불로 내려면 200%의 고리대금을 빌려야 하기 때문이다. 가을에 고리대금을 갚고 나면 남는 것이 없거나 오히려 빚을 지는 경우도 생긴다고 한다.

북한의 토지 사용료는 토지에서 나오는 지대를 개인이 아닌 국가의 재정 원천으로 이용한다는 점에서는 긍정적이지만, 여러 가지 부조리로 인해 북한의 농업 발전을 저해하는 원인이 되기도 한다. 특히 사용료 설정과 징수 과정의 불투명성으로 인해 빚어지는 폐해는 주민들에게 이중의 부담을 지울 수밖에 없는 결과를 초래한다.

이화여대 초빙교수 **현인애**

주거지역

住居地域, Residential Zone

쾌적한 환경에서 주거할 수 있도록 지정해 놓은 지역. 「국토의 계획 및 이용에 관한 법률」에 따라 도시·군관리 계획으로 지정한 용도지역 중 도시지역에 속한다. 단독주택, 중층주택, 고층주택들이 적절히 배치되어 다양한 경관이 형성되어 있으며, '전용주거지역', '일반주거지역', '준주거지역'으로 나뉜다.

남한과 사회 체제가 다른 북한에서는 이 용어가 쓰이지 않는다. 다만, 북한에는 주거지역과 유사한 용어로 '거주지역'이라는 용어가 있다. 『조선말대사전』(2017)에서는 "주민들이 생활하고 문화적휴식을 하게 꾸려진 구역. 여기에는 살림집구획, 공공문화봉사시설, 록지, 거리와 광장 등이 배치된다."라고 풀이하고 있다.

더 알아보기

'도시지역'은 인구와 산업이 밀집되어 있거나 밀집이 예상되어 체계적인 개발·정비·관리·보전 등이 필요한 지역을 가리킨다. 도시지역은 크게 '주거지역', '상업지역', '공업지역', '녹지지역'으로 구분된다. 주거지역은 다시 '전용주거지역', '일반주거지역', '준주거지역'으로 세분된다. 세분된 지역에 따라 지을 수 있는 주택의 종류가 다르며, 지자체별로 건폐율 및 용적률이 달리 적용된다.

《 주거지역의 구분과 특징 》

구분			특징	건폐율	용적률
주거지역	전용주거지역	제1종	단독주택 중심	50% 이하	50% 이상 100% 이하
		제2종	공동주택 중심	50% 이하	100% 이상 150% 이하
	일반주거지역	제1종	저층주택 중심	60% 이하	100% 이상 200% 이하
		제2종	중층주택 중심	60% 이하	150% 이상 250% 이하
		제3종	중·고층주택 중심	50% 이하	200% 이상 300% 이하
	준주거지역		주거시설과 상업시설 혼재	70% 이하	200% 이상 500% 이하

출처: 토지이음 : 토지이용 용어사전, http://www.eum.go.kr/web/in/dc/dcDictList.jsp

출처: 서울특별시 알기 쉬운 도시계획 용어,
https://urban.seoul.go.kr/view/mainPop/term.pop?type=add

용 례 {주거지역을} 정비하다. / {주거지역으로} 지정하다. / 역세권 활성화 사업은 역세권 토지 용도지역을 {주거지역에서} 상업지역으로 상향해 용적률을 높이고 증가한 용적률의 50%를 지역에 필요한 생활서비스시설(어린이집, 보건소, 체육시설 등)과 공공임대시설(오피스, 주택)로 확충하는 사업이다.《한스경제, 2021년 12월 27일》

동의어 주거전용지역.

관련어 도시지역, 상업지역, 공업지역, 녹지지역.

출 전 「국토의 계획 및 이용에 관한 법률 시행령」(대통령령 제31961호, 2021. 8. 31.).
「국토의 계획 및 이용에 관한 법률」(법률 제18473호, 2021. 10. 8.).
사회과학출판사 편(2017), 『조선말대사전』, 사회과학출판사.
서울특별시 알기 쉬운 도시계획 용어, https://urban.seoul.go.kr/view/mainPop/term.pop?type=add
장희순·김성진(2020), 『부동산용어사전』, 부연사.

집필자 박상훈

주민지구토지

住民地區土地 북

북한에서, 주민들이 자리잡고 생활에 필요한 물질적 토대를 닦아놓은 일정한 생활공간. '토지리용분류'에 따른 토지 분류이다.

북한과 사회 체제가 다른 남한에서는 이 용어가 쓰이지 않는다.

더 알아보기

북한 『거울사전 2.0』(2017)에서는 '주민지구토지'에 대해 다음과 같이 설명하고 있다.

"구체적으로 주민지구건축용지인 주택과 청사, 학교, 유치원, 탁아소, 극장, 영화관, 회관, 체육관, 상업편의봉사망, 병원, 진료소 그밖의 건물들의 부지와 주민지구공공리용지인 공원, 유원지, 동물원, 유희장, 광장, 경기장, 거리, 유보도, 정류소, 배수지, 수원지의 부지와 그밖의 록지를 포함한다. 또한 주민지구 기타 부속지인 모래, 자갈, 흙채취장, 공한지, 오수, 오물처리장, 공동묘지 등을 포함한다. 주민지구토지는 인민들이 유족하고 문명하고 편리한 생활을 할수 있도록 설정하며 토지자원을 생산적목적에 효과적으로 리용할 수 있도록 합리적으로 규정하여야 한다. 이 토지에 대한 관리는 중앙의 도시경영기관과 지방인민위원회가 하며 그것을 리용하려는 기관, 기업소, 단체는 해당 도(직할시)인민위원회 또는 내각의 토지리용허가를 받아야 한다."

관련어 토지리용분류.

집필자 이시우

주상복합건물

住商複合建物, High-rise Residential Building

주택과 상점이 함께 있는 공동 주거 건물. 시내 중심부나 상점이 밀집한 지역에 주거 공간을 마련함으로써 거주지와 근무지 간의 출퇴근 차량 운행과 교통량을 줄이고 퇴근 후 시내의 공동화 현상을 막기 위해 도입되었다. '주상복합'이란 말은 법률 용어가 아니어서 「건축법」과 「주택법」에서 찾아볼 수 없다. 법적 정의가 없지만 공동주택의 한 종류로서 일반적으로 '상업지역 또는 준주거지역에 들어서 있고, 주거와 상업 용도가 복합되어 20세대 이상이 주거하는 건물'을 의미한다.

남한과 사회 체제가 다른 북한에서는 이 용어가 쓰이지 않는다.

더 알아보기

남한에서 주상복합건물은 1970년대에 도시의 정비를 위해서 건축된 상가아파트에서 그 연원을 찾을 수 있다. 당시 세운상가와 삼풍상가, 낙원상가 등에서 상점과 주택이 함께 공급되었는데, 주택은 현재의 주상복합과 같은 대형주택이 아니라 소형주택으로 공급되어 도심에서 직장생활을 하는 서민들을 위한 주거 공간으로서의 역할을 했다.

1980~90년대에는 도심재개발과 도심공동화 방지를 위하여 주상복합건물이 공급되었으며, 특히 보라매복합타운의 경우에는 주택이 중대형 평형으로 공급되면서 주택을 중심으로 한 주상복합이 자리를 잡기 시작했다. 이후 외환 위기(1997~1999)를 거치고 2000년대 초반에 주택시장이 다시 활

성화되면서 차별화된 주거관리 서비스를 제공하는 타워펠리스와 같은 랜드마크로서의 역할을 하는 주상복합건물이 관심의 대상이 되었다.

용 례 {주상복합건물을} 짓다. / 55년 역사의 우리나라 최초 {주상복합건물인} 서울 서대문구 좌원상가 재개발 사업이 본격 추진된다.《이코노텔링, 2021년 5월 19일》 / 대전시가 유성복합터미널 건설 사업을 본격화한다. 총 6000억 원을 투입해 여객시설과 지식산업센터, 주거 등을 갖춘 지상 33층 규모의 고층 {주상복합건물을} 지을 방침이다.《한경닷컴, 2021년 8월 4일》

유의어 주상복합 아파트.

출 전 네이버 지식백과: 두산백과, https://terms.naver.com/entry.naver?docId=1233223&cid=40942&categoryId=32150

네이버 지식백과: 한국민족문화대백과, https://terms.naver.com/entry.naver?docId=2459021&cid=46673&categoryId=46673

미래와경영연구소(2018), 『부동산용어』, 미래와경영.

상식연구소(2021), 『부동산용어사전 1252』, 서원각.

집필자 이시우

주택담보대출비율

住宅擔保貸出比率, Loan to Value Ratio; LTV

은행에서 주택을 담보로 삼아 돈을 빌려줄 때, 대출이 가능한 한도를 나타내는 비율. 대출 한도는 담보로 제공되는 주택의 시가에 이 비율을 곱하여 정한다. 예를 들어, 주택담보대출비율이 60%일 때 시가 5억 원의 주택을 담보로 할 경우, 최대 3억 원(5억×0.6)까지 대출을 받을 수 있다.

남한과 사회 체제가 다른 북한에서는 이 용어가 쓰이지 않는다.

더 알아보기

2000년대 들어 집값이 크게 오르고 가계 대출이 늘자, 주택담보대출을 규제하기 위해 2002년 9월 투기과열지구에 이 제도가 처음으로 도입되었다. 2005년 8월에는 소득까지 고려한 디티아이DTI 규제가 도입되어 주택담보대출 규제가 더욱 강화되었다. 디티아이DTI는 '연간 소득에서 금융 부채의 연간 원리금 상환액이 차지하는 비율'을 가리키는 말로, 과도한 대출을 막기 위해 소득을 기준으로 대출 한도를 정할 때 계산하는 비율이다. 정부는 부동산 투기 수요를 차단하고 실수요자 보호를 위해 규제 지역 여부에 따라 주택담보대출 규제 비율을 다르게 적용하고 있다. 2021년 12월 현재, 무주택자·1주택자에게 적용되는 '주택담보대출비율LTV·디티아이DTI' 규제는 다음과 같다.

유형	LTV	DTI
투기지역·투기과열지구	(9억원 이하) 40% (9억원 초과) 20%	40%
조정대상지역	(9억원 이하) 50% (9억원 초과) 30%	50%
비규제지역	70%	60%

★ 투기지역·투기과열지구 초고가 아파트(시가 15억 원 초과)를 담보로 한 주택 구입용 주택담보대출 금지

출처: 금융위원회, https://www.fsc.go.kr

서민·실수요자에게 적용되는 주택담보대출비율은, 투기과열지구에서는 주택 가격 6억 원 이하는 60%, 6~9억 원은 50%이며, 조정대상지역에서는 5억 원 이하는 70%, 5~8억 원은 60%이다. 대출 가능한 최대 한도는 4억 원까지이다.

《 서민·실수요자에 대한 주택담보대출 우대 요건 및 우대 혜택 개선 방안(요약) 》

구 분	투기과열지구	조정대상지역
우대 요건	무주택 세대주(유지)	
① 소득 기준	부부 합산 연소득 0.9억 이하 생애최초구입자1.0억 미만	
② 주택 기준	9억원 이하	8억원 이하
우대 수준	최대 4억 원 한도(공통)	
① LTV	(~6억)60% (6~9억 구간)50%	(~5억)70% (5~8억 구간)60%
② DTI*	60%	60%
③ DSR	은행권40% /비은행권60%	

★ DTI는 차주단위 DSR 미적용 차주에 대해 적용(차주단위 DSR 적용 차주는 DSR 적용)

출처: 금융위원회 보도자료(2021.5.31.), https://www.fsc.go.kr

용 례 {주택담보대출비율을} 높이다. / {주택담보대출비율을} 낮추다. / 연 소득이 4000만 원인 무주택자 A씨가 투기지역에 위치한 시가 6억원짜리 아파트를 구매한다고 가정할 때 현재는 {주택담보대출비율(LTV)} 규제인 40%에 우대 혜택 20% 포인트가 적용돼 집값의 60%인 3억 6000만 원까지 대출이 가능하다.《매일경제, 2021년 10월 27일》 / 정부는 지난 7월부터 무주택 서민·실수요자에 대한 {주택담보대출비율(LTV)} 우대 폭을 기존 10%p에서 최대 20%p로 확대했다.《뉴스핌, 2021년 11월 25일》

동의어 대부비율(貸付比率), 담보인정비율(擔保認定比率), 주택담보인정비율(住宅擔保認定比率).

관련어 총부채상환비율(DTI), 총부채원리금상환비율(DSR).

출 전 경향신문(2017.6.6.), 'LTV·DTI의 역사', https://www.khan.co.kr/economy/economy-general/article/201706060600001

금융위원회 보도자료(2021.5.31.), https://www.fsc.go.kr

문제헌(2016), 「LTV·DTI의 규제거버넌스 고찰」, 『한국거버넌스학회보』 23-1, 한국거버넌스학회, 1-23쪽.

부동산114(2014.7.24.) 'LTV, DTI 금융규제 연혁 및 효과는?', https://www.r114.com/?_c=Research&_m=Detail&bno=200&num=5283

집필자 박상훈

쉬어가기

북한의 부동산 거래와 사금융

통계청에 따르면 2021년 3월 기준 남한 가계의 평균 총자산은 5억 253만 원으로 전년보다 12.8% 급증했다. 이 중 부동산 자산은 3억 9천만 원으로 전체 자산의 77.5%를 차지한다. 이는 수년간 급등한 부동산 가격의 영향이 컸다고 볼 수 있을 것이다. 남한에서 부동산이 개인자산의 가장 큰 부분을 차지하고, 가장 확실한 재테크 수단으로 자리매김한 것은 틀림없어 보인다. 부동산 가격 급등과 더불어 같이 회자되고 있는 것이 가계부채 문제이다. 현재 남한의 가계부채는 국내 총생산액GDP을 넘어섰고 부동산담보대출 비중은 60%가량을 차지할 정도로 높아졌다. 전세자금대출과 개인 간 임차자금까지 포함하면 가계의 부채 문제는 더 심각한 수준으로 보인다.

그렇다면 북한은 어떨까? 북한도 주택을 담보로 대출을 받을 수 있을까?

일반적으로 북한은 국가에서 살림집(주택)을 지어 인민들에게 공급하는 것이 원칙이다. 하지만 '고난의 행군'을 거치며 국가의 재정이 파탄 나고 이로 인해 신규 주택의 공급은 거의 이루어지지 못했다. 인구증가와 함께 북한도 핵가족화가 가속화되면서 가구 수는 지속적으로 늘어나는 데 반해 이를 감당할 주택의 공급이 제대로 이루어지지 못하면서 주택 부족은 큰 사회적 문제가 되었다. 다행스러운 것은 북한의 시장화가 진전되고 있다는 점이다. 그 과정에서 '돈주'들에 의한 사금융이 발전하고 주택시장에 돈이 몰리기 시작하면서 다양한 형태의 주택들이 시장에 공급되고 있다. 이렇게 지어진 주택 중 일부는 국가에 '상납'되고 상당수는 시장에서 시세대로 유통되고 있다. 말하자면 사적 소유가 가능한 주택들이 새로 생겨난 것이다. 당 간부나 장사 등으로 돈을 번 계층이 이런 주택을 취득하는 것으로 알려졌다.

북한에는 주택 취득에 도움을 주는 제도권 금융이 존재하지 않는다. 하지만 주택시장이 음성적으로 활성화되면서 주택을 담보로 자금을 융통하는 사금융시장이 확대되고 있는 것으로 보인다. 즉, 주택건설로 돈을 번 '돈주'들과 일반 주민들의 자금이 주택시장에 활발하게 유입되고, 주택을 담보로 한 추가적인 자금융통도 가능해지면서 사금융시장이 더욱 커지는 선순환이 일어나고 있는 것이다. 북한에서 주택을 담보로 대출을 받으려면 '입사증'으로 불리는 '살림집이용허가증'이 필요하다. 각 지역 인민위원회에서 발급해 주는 '살림집이용허가증'을 채권자에게 담보로 맡기고 돈을 빌리며, 빌린 돈을 상환하면서 이 증을 되돌려 받는 형식이다. 현재 북한에서는 이러한 거래를 중개해 주는 '데코(거간꾼)'도 상당수 활동하는 것으로 알려져 있다. 만약 '살림집이용허가증'을 담보로 돈을 빌려주었는데 되돌려받지 못했을 경우, 돈을 빌려준 사람은 이 증을 사금융시장에서 매매하여 대출금을 회수한다.

최근 북한에서는 개인 간 주택 매매나 교환도 활성화되고 있는 것으로 보인다. 북한의 주택들은 주택의 위치나 상태에 따라 시세가 정해지는데 2015년에 방 세 칸짜리 평양 대동강 구역의 한 아파트가 20만 달러에 거래되기도 하였다. 지방의 주택은 이보다는 훨씬 싸지만 시세에 따라 거래가 이루어지는 것은 마찬가지이다. 더 좋은 주택을 원하는 인간의 욕망은 북한에서도 다를 바 없기에 시장화 속에서 돈을 번 사람들이나 당 간부들은 더 좋은 주택을 분양받거나 매매하고자 한다. 이와는 달리 큰돈을 마련하기 어려운 사람들은 주택을 교환하는 방법을 선택한다. 이는 자신이 살고 있는 주택과 살고 싶은 주택을 서로 교환하면서 '웃돈'을 지불하는 방식이다.

남한에 비해 북한의 개인 간 주택 거래시장은 아직 초기 단계에 있다. 현실적으로는 주택의 건설과 분양, 매매가 이뤄지고 있으나, 주택 거래가 제도적으로는 허용되지 않기 때문이다. 따라서 거래 과정에서 발생하는 문제를 법적으로 보호받기도 어렵다. 북한에서는 제도권 금융이 존재하지 않고, 거래 과정에서의 투명성과 안정성을 담보해 주는 '부동산등기부등본', '저당권' 등과 같은 제도적 장치도 없다. 단지 축적된 시장화의 경험과 관행을 토대로 아슬아슬하게 부동산 거래가 이루어지고 있는 것이다.

2013년에 북한은 "경제개발구법"을 제정하였다. 이 법에는 외자 유치로 인한 자본주의적 요소의 유입을 경계하면서도 저당권 등 재산권에 대한 내용을 포함하고 있다. 이로 미루어 보아 북한에서도 공식적으로 저당권 개념을 인정하게 된 것으로 보인다. 부동산 거래에서 법적인 뒷받침이 이루어진다면 북한도 일부 지역에 한해서라도 자본주의적 주택 거래제를 허용하지 않을까 하는 기대를 품게 한다. 계획경제의 실패와 개방 없는 개혁의 실패가 뚜렷해지는 현 상황에서 북한 당국의 주택시장에 대한 개혁 방향을 지켜볼 필요가 있을 것으로 보인다.

IBK기업은행 경제연구소 차장 **조현성**

주택바우처제도

住宅 바우처 制度, Housing Voucher Program

저소득층의 주거 생활 안정을 위하여 제공되는 주택 상환 증서 제도의 하나. 정부나 지방자치단체가 저소득층의 전·월세 임대료의 일부를 보조해 주는 제도이다. 임대료가 소득의 일정 수준을 넘을 때 그 임대료의 일부를 정부나 지방자치단체에서 쿠폰 형태로 지원한다. 서울시의 '서울형 주택바우처'가 그 예이다.

남한과 사회 체제가 다른 북한에서는 이 용어가 쓰이지 않는다.

더 알아보기

서울시는 월세 주택이나 고시원 등에 거주하는 시민의 월세 부담을 줄이기 위해 2002년부터 '서울형 주택바우처' 사업을 시행하고 있다. 선정된 시민에게는 매달 8만 원(1인 가구)에서 10만 5천 원(6인 가구 이상)을 지원하고 있다. 선정 기준은 다음과 같다.

주택 기준	민간 월세 주택 또는 고시원에 거주하면서 임대보증금이 1억 1,000만 원 이하
소득 기준	1인 기준 106만 원 이하(기준중위소득 60% 이하)
재산 기준	일반재산, 자동차가액, 금융재산을 합한 금액에서 부채를 뺀 금액이 1억 6,000만 원 이하이면서 금융재산이 6,500만 원 이하

출처: 서울특별시 공식블로그, https://blog.naver.com/haechiseoul

용 례 서울시가 저소득층의 월세 일부를 대신 내주는 {주택바우처제도를} 시행중인 가운데 지원금 인상을 추진한다. 2일 서울시에 따르면 시는 일반 바우처 월 지원금을 기존 5만 원에서 8만 원으로 인상할 계획이다.《뉴시스, 2020년 2월 2일》 / 유럽과 영미권에서는 1970년대 이후 공공임대주택 건설에 대한 지원을 축소하거나 폐지하고 {주택바우처제도를} 도입했다.《한경비즈니스, 2020년 11월 13일》

출 전 네이버 지식백과: 시사상식사전(박문각), https://terms.naver.com/list.naver?cid=43667&categoryId=43667

서울특별시 공식블로그, https://blog.naver.com/haechiseoul

집필자 박상훈

주택연금

住宅年金, Reverse Annuity Mortgage

현재 살고 있는 주택을 담보로 맡기고 매달 일정액을 연금 형식으로 받는 대출 제도. 평생 혹은 일정한 기간 동안 매달 노후 생활 자금을 지급받는 금융 상품이다. 대체로 고령자가 대출을 받으며, 대출자가 사망하면 금융 기관은 주택을 팔아 그동안의 대출금과 이자를 상환받는다. '역모기지론'이라고도 한다.

남한과 사회 체제가 다른 북한에서는 이 용어가 쓰이지 않는다.

더 알아보기

2007년에 주택연금이 처음 등장할 때만 해도 그다지 인기가 없었다. 그러나 노후 준비에 대한 인식이 바뀌면서 요즘은 해마다 1만 명꼴로 이용자가 늘고 있다. 한국주택금융공사에 따르면 2021년 6월 말 기준으로 주택연금 가입자 수는 86,281명, 가입자의 평균 연령은 72세, 평균 주택 가격은 3억 1,900만 원, 평균 월 수령액은 106만 원이다.

한국주택금융공사www.hf.go.kr가 운영하고 있는 주택연금의 가입 요건과 연금 지급 방식은 다음과 같다.

가입 요건	• 부부 중 1명이 만 55세 이상 • 부부 중 1명이 대한민국 국민 • 부부 기준 공시가격 등이 9억 원 이하 주택소유자 • 다주택자라도 공시가격 등의 합산가격이 9억 원 이하면 가능 • 공시가격 등이 9억 원 초과 2주택자는 3년 이내 1주택 팔면 가능
월지급금 지급 방식	• 종신방식: 월지급금을 종신토록 지급받는 방식 • 확정기간방식: 고객이 선택한 일정 기간 동안만 월지급금을 지급받는 방식 • 대출상환방식: 주택담보대출 상환용으로 인출한도(대출한도의 50%초과 90%이내) 범위 안에서 일시에 찾아쓰고 나머지 부분을 월지급금으로 종신토록 지급받는 방식 • 우대방식: 주택소유자 또는 배우자가 기초연금 수급자이고 부부 기준 1.5억 원 미만 1주택 보유 시 종신방식(정액형)보다 월지급금을 최대 약 20% 우대하여 지급받는 방식

출처: 한국주택금융공사, https://www.hf.go.kr

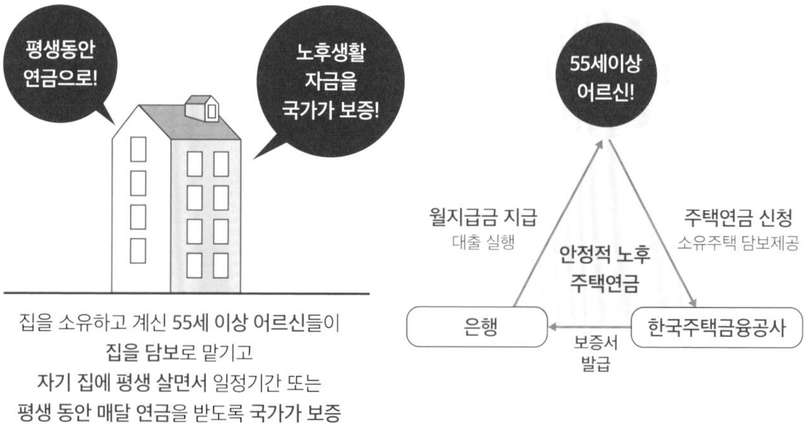

출처: 한국주택금융공사(2021), 「국민을 위한 참쉬운 주택연금 가이드」

용 례 {주택연금에} 가입하다. / 고령화 가속화와 보유세 부담 증가로 {주택연금} 가입 대상을 확대해야 한다는 목소리가 높아지고 있는 기운데, 금융위원회도 기입 대상 일부 확대가 필요하다는 의견을 보였다.《헤럴드경제, 2021년 11월 24일》 / {주택연금} 중도해지가 늘고 있는 이유는 최근 집값이 크게 상승한 것과 무관치 않다는 분석이다.《이데일리, 2021년 10월 31일》

동의어 역모기지론.

출 전 한국주택금융공사(2021), 「국민을 위한 참쉬운 주택연금 가이드」.

한국주택금융공사, https://www.hf.go.kr

집필자 박상훈

주택임대차보호법

住宅賃貸借保護法

주택을 빌리는 사람을 보호하기 위해 마련한 법률. '상가건물임대차보호법', '대부업법(고금리제한법)' 등과 함께 민생 3법이라고 한다. 주택을 빌리는 사람의 권리를 보호하고, 과도한 임대료 인상을 억제하여 국민 주거 생활의 안정을 보장하기 위해 제정한 법률이다. 이 법의 적용은 민법에 우선한다. 주택을 빌리는 사람은 보증금 중에서 일정액을, 다른 담보를 잡힌 사람보다 우선하여 변제받을 권리가 있는 등, 일반적인 부동산 계약보다 세 들어 사는 사람을 보호하는 데 역점을 둔 점이 특징이다.

남한과 사회 체제가 다른 북한에서는 이 용어가 쓰이지 않는다.

더 알아보기

2016년 11월 30일부터 주택을 빌리는 계약을 서면으로 할 때에는, 법무부 장관이 서식을 정하여 권고하는 주택임대차표준계약서를 우선적으로 사용한다.

'주택임대차보호법'의 주요 내용은 다음과 같다.

먼저 주택을 빌리는 사람은 기본 임대차 기간(2년)에, 2년을 더 연장할 수 있는 권리인 '계약갱신청구권'을 가진다. 즉, 세 들어 사는 기간이 만료가 되면 1회에 한해서 그 기간을 늘려 달라고 요청할 수 있다. 이때 주택을 빌려준 사람은 본인이나 직계 존비속이 직접 거주하기 위한 경우 등의 '법으로 정한 예외 사항'에 해당하지 않는다면 계약 기간을 더 연장해 줘야 한다.

다음으로 임대료가 한꺼번에 많이 오르는 것을 방지하기 위해 전월세상한제가 마련되어 있다. 전월세상한제는 재계약을 할 때 주택을 빌려주는 사람이 세 들어 사는 사람에게 전에 냈던 임대료를 기준으로 5%를 초과하여 올려받을 수 없게 한 제도이다. 다만 이 조항은 주택을 빌려주는 사람이 계약 갱신을 요구했을 때 적용되는 것이므로, 세 들어 사는 사람은 미리 계약 갱신에 대한 의지를 밝혀야 한다.

그리고 주택을 빌리거나 빌려주는 사람이 전월세 계약을 맺은 경우, 이를 지방자치단체에 신고해야 하는 전월세신고제도 마련되어 있다. 이는 보증금 6000만 원 또는 월세 30만 원을 넘는 모든 계약에 해당하며, 주택을 빌리거나 빌려주는 사람 모두 계약 내용을 신고해야 한다.

주택을 빌리는 계약에서 분쟁이 생겼을 때, 그 조정의 절차는 다음과 같다.

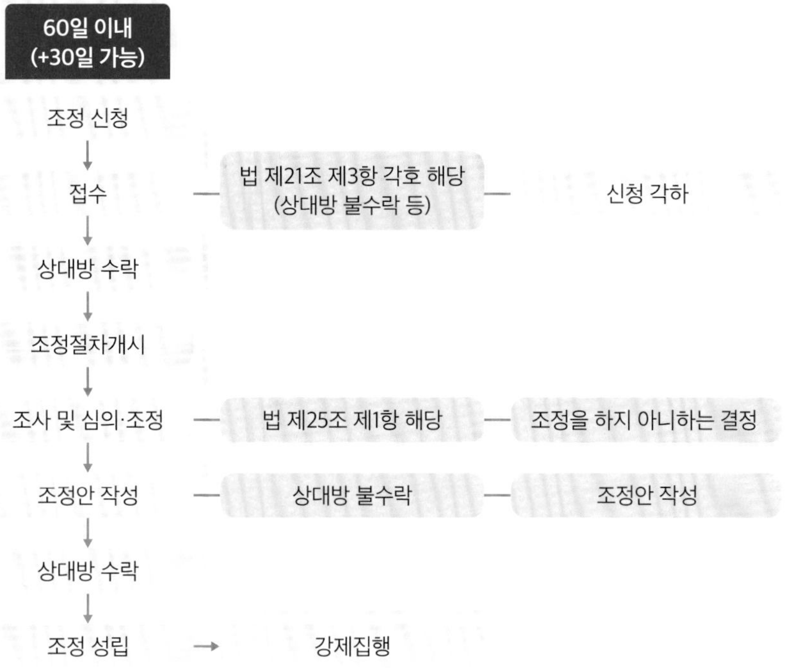

출처: 주택임대차분쟁조정위원회 누리집(www.hldcc.or.kr)

- **용 례** {주택임대차보호법이} 개정되다. / 새로운 {주택임대차보호법} 시행 2년이 지나는 내년 하반기부터 전세대출 절벽이 펼쳐질 수 있다는 우려가 커지고 있다.《데일리안, 2021년 12월 26일》
- **관련어** 상가건물임대차보호법, 전월세상한제, 전월세신고제.
- **출 전** 「주택임대차보호법」(법률 제17363호, 2020. 6. 9.).
  미래와경영연구소(2018), 『부동산용어』, 미래와경영.
  주택임대차분쟁조정위원회 누리집(www.hldcc.or.kr).
- **집필자** 이시우

쉬어가기

북한에도 주택 중개수수료가 있을까요?

지난해 입국한 북한이탈주민 A 씨는 정부에서 제공하는 임대주택 대신 전세아파트를 알아보고 있었다. A 씨는 아파트 단지 주변에 간판을 걸고 '당당히' 영업하는 공인중개사를 만난 뒤에 이런 생각이 들었다. "저렇게 버젓이 사무실을 차려 놓고 집을 중개하면서 주택 중개수수료까지 받아도 처벌받지 않는가?"

사회주의 국가인 북한에서는 개인의 부동산 소유를 공식적으로 허용하지 않는다. 그러므로 북한 주민들은 국가로부터 배정받은 주택에 대하여 거주할 권리만 가지고 있다. 이처럼 주택은 매매의 대상이 아니며, 법적으로도 주택 매매를 금지하고 있다. 하지만 1990년대 경제난 이후 국가재정 능력이 나빠지면서 안정적인 주택 수급이 어려워지자, 웃돈을 주면서 주택을 교환하거나 심지어 주택을 매매하는 행위까지 발생하기 시작하였다.

이에 북한 당국은 개인 간에 주택을 거래하는 행위를 단속하기 시작하였고, 그 결과 주택시장에는 비밀리에 주택 거래를 중개하는 중개인들이 등장하였다. 북한에서는 이러한 중개인을 '집거간꾼' 혹은 '집데꼬'라고 부른다. 여기서 '데꼬'란 일본어 '데코手子'에서 유래된 말로, '도와주는 사람'의 뜻을 나타낸다. 남한의 '환전상'을 북한에서는 '돈데꼬'라고 하는데, 이처럼 북한에서 '데꼬'는 '거간' 또는 '중매인'을 가리키는 말로 두루 쓰인다. 주택 거래가 이루어지기 시작한 1990년대 말까지만 하더라도 '집데꼬'는 주택을 구매하고자 하는 사람과 팔려는 사람들을 중개해 주고 그 대가로 얼마간의 수고비수수료나 음식물 정도만 받았다.

그러나 2000년대 중반에 들어서면서부터 주택 거래가 늘어나고 그에 비례하여 중개인들의 수도 늘어나면서 '집데꼬'들은 중개수수료를 제대로 받기 시작했다. 이들은 북한 당국의 통제 때문에 공식적인 간판을 걸고 영업을 할 수는 없지만, 구역별로 서로의 활동 구역을 정하고 휴대전화 등을 통해 집 거래를 성사시키고 있다. 또한 중개인들끼리 연락을 통해 자신의 활동 구역을 넘어서는 지역의 주택 매매까지 중개하기도 한다. 말하자면 북한판 공인중개사로 암암리에 활약하고 있는 셈이다.

이 중개인들은 머릿속에 매물정보를 쭉 꿰고 있어, 주택 구매자들이 원하는 조건만 제시하면 매물을 쉽게 찾아줄 뿐만 아니라, 인민위원회 주택배정처(과)로부터 '살림집이용허가증'을 새로 발급받는 절차까지 대리하기도 한다. 북한 『살림집법』 제34조 제2항에는 "살림집 이용신청을 받은 인민위원회와 해당기관은 신청이유와 거주조건, 살림집이 비어있는 정형 같은 것을 정확히 검토·확인하고 살림집을 배정받은 공민에게 살림집이용허가증을 발급해주어야 하는데, 이 경우 살림집이용허가증을 다시 발급하여야 한다. 살림집이용허가증에는 이용자의 이름, 직위, 가족수, 살림방 수, 살림집 주소, 번호 같은 것을 밝혀야 한다."라고 명시되어 있다.

그렇지만 북한에서 합법적인 절차를 거쳐 '살림집이용허가증'을 발급받기는 쉽지 않다. 따라서 '집데꼬'들은 인민위원회 주택배정처의 담당 간부에게 뇌물을 건네면서 '살림집이용허가증'을 발급받는 경우가 많다. 만약 주택을 사고파는 행위가 보안원이나 보위원 등 권력기관에 적발되어도 '집데꼬'들은 뒷돈 등 로비를 통해 어렵지 않게 문제를 해결한다. '집데꼬'들은 이러한 이유를 들면서 주택 판매자와 구매자 간의 주택 거래가 성사되면 수고비수수료를 받는 것을 당연하게 여긴다.

북한에서 주택 중개수수료는 중개인이나 지방에 따라 차이가 있지만, 보통

거래금액의 5% 정도를 수고비(중개수수료)로 책정한다. 그리고 이 수고비는 중개 의뢰인(구매자와 판매자) 양측이 각각 절반씩 부담할 수도 있고, 경우에 따라서는 양측이 서로 협의해 구체적인 요율을 결정하기도 한다.

2021년 11월을 기준으로 남한의 주택 중개 수수료율이 매매의 경우 6억에서 9억 원까지의 거래는 0.4%, 9억에서 12억 원까지는 0.5%, 12억에서 15억 원까지는 0.6%, 15억 원 이상은 0.7%임을 감안하면 북한의 중개수수료가 남한에 비해 7~12배나 비싼 셈이다. 사회주의 국가인 북한에서 주택시장의 '통로'로 자리매김한 '집데꼬'들의 활발한 행보가 향후 어떤 모습으로 변할지, 그 귀추가 주목된다.

경기대학교 한반도전략문제연구소 연구위원 **김수연**

주택청약종합저축

住宅請約綜合貯蓄

주택청약을 통한 주택 마련을 돕기 위해 시행되는 금융 상품. 기존에는 공공주택 청약이 가능한 청약저축과 민영주택 청약이 가능한 청약예금, 청약부금으로 나뉘어져 있었는데, 이 두 기능을 통합한 종합 청약통장의 특성을 지닌다. 무주택 세대주 여부와 연령에 관계없이 누구든지 1인 1계좌로 가입할 수 있다.

남한과 사회 체제가 다른 북한에서는 이 용어가 쓰이지 않는다.

더 알아보기

2009년 5월 6일에 출시된 상품으로, 전용면적 85m² 이하의 공공주택(청약저축), 모든 민영주택과 전용면적 85m²를 초과하는 공공주택(청약예금), 전용면적 85m² 이하의 민영주택(청약부금) 등 기존의 주택 청약 관련 상품에서 구별하였던 기능을 한데 통합하였다. 국민주택과 민영주택을 가리지 않고 모든 신규 분양주택에 사용할 수 있어 '만능청약통장'이라고도 한다.

'주택청약종합저축'은 주택의 소유나 세대주 여부, 연령 등에 관계없이 누구나 가입할 수 있는 것이 특징이다. 단, 청약 자격은 만 19세 이상이어야 하고(19세 미만인 세대주는 허용), 국민주택의 경우에는 해당 주택의 건설 지역에 거주하는 무주택 세대 구성원으로서 1세대당 1주택, 민영주택의 경우에는 만 20세 이상의 가입자로서 1인당 1주택이 적용된다.

납입 방식은 일정액 적립식과 예치식을 병행하여 매월 2만 원 이상 50만

원 이내에서 5,000원 단위로 자유롭게 불입할 수 있다.

투기과열지구와 청약조정대상지역의 경우 가입 후 2년이 지나면 1순위가 되며, 그 외의 수도권 지역은 1년, 비수도권 지역은 6~12개월 범위에서 시·도지사가 정하는 기간이 지나면 1순위가 된다. 20세 미만의 가입자인 경우는 1순위가 되더라도 청약할 수 없다.

청약통장제도를 바꾼 배경은 1인 1통장 가입만 허용돼 주택수요자의 청약 기회가 제한되는 문제를 개선해 청약 기회를 확대하기 위한 것이다.

용 례 {주택청약종합저축에} 가입하다. / 신청 대상은 전국에 거주하는 성인 무주택 세대구성원이어야 한다. 또 공통적으로 {주택청약종합저축} 가입자여야 한다.《한국정경신문, 2021년 11월 29일》/ 전용 50m^2 이상 주택은 {주택청약종합저축} 납입 횟수에 따라 순위가 결정되며 1순위 조건은 청약저축 24회 이상 납입해야 한다.《뉴스웍스, 2021년 9월 24일》

관련어 청약통장, 청약저축, 청약예금, 청약부금.

출 전 네이버 지식백과: 두산백과, https://terms.naver.com/entry.naver?docId=1310262&cid=40942&categoryId=31829

네이버 지식백과: 시사경제용어사전, https://terms.naver.com/entry.naver?docId=301133&cid=43665&categoryId=43665

집필자 이시우

준주거지역

準住居地域, Quasi-residential Area

「국토의 계획 및 이용에 관한 법률」에 의한 용도지역 중 주거지역을 다시 세분한 지역. 주로 주거 기능을 가지되, 이를 지원하는 일부 상업적·업무적 기능을 보완하기 위해 지정한 지역이다.

남한과 사회 체제가 다른 북한에서는 이 용어가 쓰이지 않는다.

더 알아보기

주거지역은 '전용주거지역' 및 '일반주거지역', '준주거지역' 등의 세 가지로 나뉘는데, 준주거지역은 이 가운데 상업적 성격이 가장 강하다. 준주거지역의 상업성은 대지 면적에 대한 건물 연면적 비율을 나타내는 용적률에서 잘 나타난다.

구분		국토의 계획 및 이용에 관한 법률	
		건폐율	용적율
전용거주지역	제1종	50% 이하	50% 이상 100% 이하
	제2종	50% 이하	100% 이상 150% 이하
일반거주지역	제1종	60% 이하	100% 이상 200% 이하
	제2종	60% 이하	150% 이상 250% 이하
	제3종	50% 이하	200% 이상 300% 이하
준주거지역		70% 이하	200% 이상 500% 이하

위의 표에서 보듯이 준주거지역은 다른 주거지역에 비하여 건폐율과 용

적률의 최대한도가 가장 높게 설정되어 있어 상업적 성격이 가장 강함을 확인할 수 있다.

각 용도지역별 용적률의 최대한도는 관할 구역의 면적과 인구 규모, 용도지역의 특성 등을 고려하여 대통령령으로 정하는 기준에 따라 특별시·광역시·특별자치시·특별자치도·시 또는 군의 조례로 정하도록 하고 있다.

용 례 {준주거지역에} 주상복합 아파트가 들어서다. / 주요 내용은 공공주택 도입에 따른 {준주거지역} 용적률을 기존 546%에서 642%로 완화는 것이다.《에너지경제신문, 2021년 3월 19일》 / 도시계획조례 개정에 의하면 시는 {준주거지역의} 경우 300%인 용적률을 400%로 100%까지 상향 조정했다《팍스경제TV, 2022년 1월 4일》

관련어 주거지역, 전용주거지역, 일반주거지역.

출 전 「국토의 계획 및 이용에 관한 법률 시행령」(대통령령 제32379호, 2022. 1. 28.).
「국토의 계획 및 이용에 관한 법률」(법률 제17893호, 2021.01.12.).
이종수(2009),『행정학사전』, 대영문화사.

집필자 이시우

지상권

地上權, Superficies

타인의 토지에서 건물이나 공작물, 수목 등을 소유하려는 목적에서 그 토지를 사용할 수 있는 권리. 토지 소유자와 그 토지 위에 공작물이나 수목 등을 소유하려는 사람이 지상권 설정 계약을 맺고 등기를 하여야 성립한다. 실제에 있어서 토지 사용은 지상권 대신 주로 임대차 계약에 의한다.

북한은 남한과 법 제도가 다르므로, '지상권'의 세부적인 뜻에서는 남한과 차이가 있다. 북한의 『거울사전 2.0』(2017)에서는 '지상권'을 "건물, 다리, 못, 굴간 등을 소유하기 위하여 다른 사람의 토지를 리용하는 직접적지배권. 지상권은 지난 시기 식수, 주택건설 등을 목적으로 설정되였으나 현재는 거의 없고 지금은 그것을 토지를 빌리는 임차권에 의하여 한다."고 설명하고 있다.

더 알아보기

남한에서 계약으로 지상권의 존속 기간을 정하는 경우, 아래의 기간보다 단축하지 못한다.

- 석조, 석회조, 연와조 또는 이와 유사한 견고한 건물이나 수목의 소유를 목적으로 하는 때에는 30년
- 그 외의 건물의 소유를 목적으로 하는 때에는 15년
- 건물 이외의 공작물의 소유를 목적으로 하는 때에는 5년

남한의 지상권에는 구분지상권과 법정지상권도 있다. '구분지상권'이란 지하 또는 지상의 공간에 상하의 범위를 정하여 설정하는 지상권을 말하며, '법정지상권'이란 법률상 당연히 성립하는 지상권으로 등기가 필요 없는 지상권을 가리킨다.

- **용 례** {지상권을} 설정하다. / 금융기관은 돈을 빌려주고 근저당권을 설정할 때 {지상권을} 함께 건다. 채무자가 땅에 건물을 짓거나 땅의 사용권을 다른 사람에게 넘겨도 나중에 경매에 넘어갔을 때 담보 가치를 지키기 위해서다.《2018년 10월 22일》 / 대출을 받기 위해 금융기관에 근저당권과 {지상권} 설정 등기를 해 준 토지소유자라도 공공기관 등 제3자가 무단으로 토지를 사용했다면 부당이득을 청구할 수 있다는 판결이 나왔다.《법률신문, 2013년 6월 25일》
- **관련어** 구분지상권, 법정지상권.
- **출 전** 「민법」(법률 제17905호, 2021. 1. 26.).
  국가국어사정위원회·통계정보기술교류사(2017), 『거울사전 2.0』.
  찾기 쉬운 생활법령정보(법제처), https://easylaw.go.kr
- **집필자** 박상훈

직주접근

職主接近

도시 외곽에서 도시로 출퇴근하던 직장인이 다시 도시 안으로 주거지를 옮기는 일. 도심의 집값 상승과 공해 등으로 인해 도시 외곽으로 이주했던 직장인이 다시 직장과 가까운 도심으로 돌아오는 현상을 말한다. '회귀현상回歸現象'이라고도 한다.

남한과 사회 체제가 다른 북한에서는 이 용어가 쓰이지 않는다.

더 알아보기

직주접근의 원인으로는 '교통 체증의 심화', '도심의 지가 하락', '도심의 환경 개선', '도심 토지의 이용 규제 완화' 등을 들 수 있다. 직주접근의 결과로 도심의 오래된 건물이 재건축되고 주거용 건물이 고층화됨에 따라 도심에 거주하던 저소득층이 중산층이나 고소득층으로 대체되는 '도시회춘화현상都市回春化現象'이 나타나기도 한다.

직주접근과 반대되는 개념으로, 도심에 직장을 둔 직장인이 집값이 싼 교외로 내몰려 직장과 주거가 멀어지는 현상을 '직주분리職住分離'라고 한다. 이러한 직주분리로 인하여 도시 외곽의 인구가 증가하고 도심의 상주 인구가 감소하여 도심의 주·야간 인구차가 커지는 현상을 '도심공동화현상都心空洞化現象', 또는 '도넛현상'이라고 한다.

용 례 도심의 공동화현상이 심화된 이후 도시 외곽의 주택지에서 도심지까지의 출퇴근이 혼잡해지고 교통난이 가중되면서 비능률이 심화되어 다시 도심으로 돌아오는 {직주접근}, 회귀현상이 나타나기도 한다.《충북일보, 2021년 3월 22일》 / 서울은 아파트 전셋값이 1.94% 올랐지만 2008년 이후 최저치를 기록했다. {직주접근이} 좋은 중구와 종로가 소폭 상승했고 매년 전셋값 상승률이 높았던 강남 3구(강남·서초·송파)는 안정적인 모습을 보였다.《머니S, 2018년 12월 25일》

- **동의어** 회귀현상(回歸現象).
- **반의어** 직주분리(職住分離).
- **관련어** 도심공동화현상(都心空洞化現象), 도시회춘화현상(都市回春化現象).
- **출 전** 네이버 지식백과: 시사상식사전(박문각), https://terms.naver.com/list.naver?cid=43667&categoryId=43667
  장희순·김성진(2020),『부동산용어사전』, 부연사.
- **집필자** 박상훈

총부채상환비율

總負債償還比率, Debt to Income Ratio; DTI

연간 소득 중 주택담보대출의 연간 원리금 상환액과 기타 부채의 연간 이자 상환액의 합이 차지하는 비율. 개인의 과도한 대출을 막기 위하여, 대출 한도를 소득 기준으로 제한할 때 계산하는 비율이다. 돈을 빌리는 사람의 소득으로 대출금을 잘 갚을 수 있는지를 판단하여 대출 한도를 정하는 데에 활용된다. 이 수치가 낮을수록 돈을 갚을 수 있는 능력이 높다고 인정된다.

남한과 사회 체제가 다른 북한에서는 이 용어가 쓰이지 않는다.

더 알아보기

'총부채상환비율'은 부동산 시장의 과열을 막기 위해 2005년에 도입되었다. 도입 초기에는 투기 지역에 대해서만 40%로 적용되다가, 2009년 9월부터는 비투기지역까지 확대되어 적용되었다. 그러다가 2014년 8월부터는 60%로 단일화되었다. 이후 가계부채가 계속 증가하자 2018년 1월부터는 새로운 '총부채상환비율'을 적용하였다. 이미 주택담보대출을 받은 사람이 추가로 주택담보대출을 받으려고 할 때 기존의 '총부채상환비율'은 신규 주택담보대출의 원리금과 기존 주택담보대출 등의 이자 상환액의 합을 연소득으로 나눈다. 반면 새로 도입된 '총부채상환비율'은 모든 주택담보대출의 원리금 상환액과 기타 대출의 이자 상환액의 합을 연소득으로 나눈다. 새로 도입된 '총부채상환비율'을 적용하면 기존의 것보다 대출 한도가 줄어들게 된다.

2021년 12월 현재, 무주택자·1주택자에게 적용되는 LTV·DTI 규제는 다음과 같다.

유형	LTV	DTI
투기지역·투기과열지구	(9억원 이하) 40% (9억원 초과) 20%	40%
조정대상지역	(9억원 이하) 50% (9억원 초과) 30%	50%
비규제지역	70%	60%

★ 투기지역·투기과열지구 초고가 아파트(시가 15억 원 초과)를 담보로 한 주택 구입용 주택담보대출 금지

출처: 금융위원회, https://www.fsc.go.kr

한편, 서민·실수요자에게 적용되는 DTI는 투기과열지구와 조정대상지역에서 모두 60%이다.

DTI **총부채상환비율**(DTI: Debt-to-Income Ratio)이란

주택담보대출 **신청자의 소득이 얼마**이고
빚을 갚기 위해 소득의 몇 %를 쓸 예정인지
확인하는것

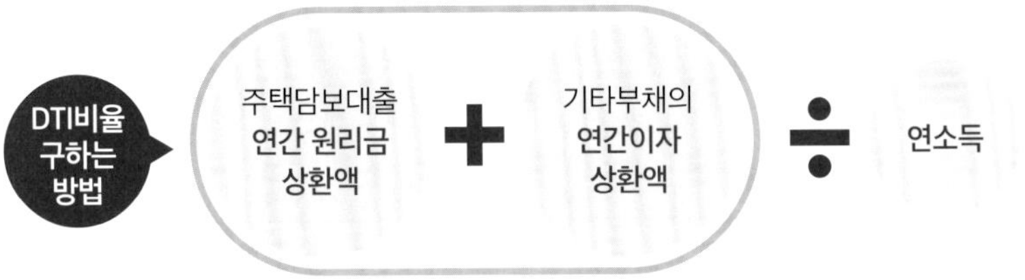

출처: 금융위원회, https://www.fsc.go.kr

용 례 … 국토교통부는 신축 분양 아파트 대출에 적용하는 주택담보인정비율(LTV)과 {총부채상환비율(DTI)을} 완화하는 내용의 대출 규제 개선 방안을 금융위원회와 협의한다.《동아일보, 2021년 4월 6일》.

관련어 주택담보대출비율(LTV), 총부채원리금상환비율(DSR).

출 전 금융위원회 홈페이지, https://www.fsc.go.kr

네이버 지식백과: 시사상식사전(박문각), https://terms.naver.com/list.naver?cid=43667&categoryId=43667

집필자 박상훈

총부채원리금상환비율

總負債元利金償還比率, Debt Service Ratio; DSR

대출자의 연간 소득에서 모든 금융 부채의 원리금 상환액이 차지하는 비율. 부채에는 주택담보대출, 신용대출, 자동차 할부, 신용카드 미결제, 마이너스 통장 등 모든 대출이 포함된다. '총부채상환비율DTI'보다 더 강화된 대출 규제 수단이다.

남한과 사회 체제가 다른 북한에서는 이 용어가 쓰이지 않는다.

더 알아보기

대출 상환 능력을 심사하기 위하여 금융위원회는 2016년부터 '총부채원리금상환비율'을 도입하였다. '총부채상환비율DTI'은 주택담보대출 원리금에 신용대출 등 다른 부채의 이자를 더하여 대출 한도를 계산한다. 반면 '총부채원리금상환비율'은 주택담보대출의 원리금뿐만 아니라 신용대출, 자동차 할부, 학자금 대출, 마이너스 통장 등 모든 대출의 원금과 이자를 더한 원리금 상환액으로 대출 상환 능력을 심사한다. '총부채원리금상환비율'을 적용하면 연간 소득은 그대로인 상태에서 금융부채가 커지기 때문에 대출 한도가 축소된다. '총부채원리금상환비율' 수치가 낮을수록 상환 능력이 높다고 볼 수 있다. 예를 들어, 연간 소득이 1억 원인 사람이 연간 원리금 4천만 원을 갚아야 한다면, '총부채원리금상환비율'은 40%가 된다.

정부에서는 '차주 단위 총부채원리금상환비율 규제'를 앞당겨 시행하기로 했다. '차주 단위 총부채원리금상환비율 규제'는 개인별로 빚을 갚을 수 있는 능력에 맞게 대출 한도를 정하는 제도이다. 금융위원회는 2021년 7월부터 모든 규제지역에서 6억 원 초과 주택을 담보로 한 주택담보대출을 받거나 1억 원을 초과하는 신용대출을 받는 경우 1단계 '차주 단위 총부채원리금상환비율 규제'를 적용하였다. 2단계는 총 대출액이 2억 원을 넘는 경우에 적용되며, 2022년 1월부터 시행되었다.

《 차주단위 DSR 확대 적용 계획 》

	21.7월 이전	1단계 (현행)	2단계 ('22.1월)	3단계 ('22.7월)
주담대	투기·과열지구 9억원 초과 주택	①全규제지역 6억원 초과 주택	총 대출액 2억원 초과 (①/②유지)	총 대출액 1억원 초과 (①/②폐지)
신용대출	연소득8천초과 & 1억원 초과	②1억원 초과		
(대상)	신규취급주담대의 8.8%	신규취급주담대의 12.4%	全차주의13.2% 全대출의51.8%	全차주의29.8% 全대출의77.2%

출처: 금융위원회 보도자료(2021.10.26.), https://www.fsc.go.kr

DSR **총부채원리금상환비율**(DSR: Debt Service Ratio)이란

DTI보다 더 강화된 기준으로 주택담보태출 뿐만 아니라 신용카드·자동차 할부금, 학자금 대출, 마이너스 통장 등의 원리금도 포함하여 비율을 산정합니다.

DSR비율 구하는 방법

총부채(주택담보대출+기타부채) 연간 원리금 상환액 ÷ 연소득

출처: 금융위원회, https://www.fsc.go.kr

용 례 금융위원회가 발표한 가계부채 보완 대책은 {총부채원리금상환비율(DSR)} 40% 규제의 조기 시행과 확대를 골자로 한다.《매일경제, 2021년 12월 2일》 / 내년부터는 아파트 대체재로 꼽히는 주거용 오피스텔까지 {총부채원리금상환비율(DSR)} 규제를 확대하면서 '똘똘한' 1주택에 대한 중요성은 더 커지고 있다.《이코노미스트, 2021년 12월 15일》

관련어 주택담보대출비율(LTV), 총부채상환비율(DTI).

출 전 금융위원회 보도자료(2021.10.26.), https://www.fsc.go.kr
네이버 지식백과: 시사상식사전(박문각), https://terms.naver.com/list.naver?cid=43667&categoryId=43667

집필자 박상훈

취락지구

聚落地區, Settlement District

「국토의 계획 및 이용에 관한 법률」에 의한 용도지구의 하나. 녹지지역·관리지역·농림지역·자연환경보전지역·개발제한구역·도시자연공원구역 안의 취락을 정비하기 위하여 지정한다.

남한과 사회 체제가 다른 북한에서는 이 용어가 쓰이지 않는다.

더 알아보기

취락지구 안에서 건폐율의 최대한도는 60% 이하 범위 안에서 특별시·광역시·특별자치시·특별자치도·시 또는 군의 도시·군계획조례에서 정하는 비율에 따른다.

취락지구는 지정하는 목적에 따라 다음과 같이 나뉜다.

① 자연취락지구: 녹지지역·관리지역·농림지역 또는 자연환경보전지역 안의 취락을 정비하기 위하여 필요한 지구를 말한다. 이는 주민의 집단적 생활근거지로 이용되고 있거나 이용될 지역으로서 주택의 정비와 주민복지시설 또는 소득증대를 위한 생산시설 등의 설치를 위하여 계획적인 관리가 필요한 지역 등을 대상으로 지정한다.

② 집단취락지구: 개발제한구역 안의 취락을 정비하기 위하여 필요한 지구를 말한다. 집단취락지구의 지정·해제 및 관리·정비는 「개발제한구역의 지정 및 관리에 관한 특별조치법」에서 규정하는 바에 따른다.

취락지구로 지정된 지역에는 해당 용도지역 및 용도구역에서의 규제보다 완화된 건축제한과 건폐율을 적용받게 되며, 공공에서는 취락지구 안의 주민의 생활편익과 복지증진 등을 위한 사업을 시행하거나 이를 지원할 수 있도록 하고 있다.

출처: 서울특별시 알기 쉬운 도시계획 용어, https://urban.seoul.go.kr/view/mainPop/term.pop?type=add

○ 용 례 {취락지구를} 지정하다. / 군은 {취락지구} 내 건폐율을 기존 50%에서 60% 이하까지 완화해 건축규모를 늘릴 수 있게 조례를 개정했다.《뉴스1, 2021년 11월 23일》 / 제주자치도는 관광진흥조례를 개정해 주거지역이나 자연녹지 중 {취락지구에는} 호텔 등 숙박시설을 건설할 수 없도록 할 방침입니다.《JIBS, 2020년 1월 7일》

○ 관련어 용도지구.

○ 출 전 「개발제한구역의 지정 및 관리에 관한 특별조치법 시행령」(대통령령 제32305호, 2021.12.31.).
「국토의 계획 및 이용에 관한 법률 시행령」(대통령령 제32344호, 2022.01.18.).
「국토의 계획 및 이용에 관한 법률」(법률 제17893호, 2021.01.12.).
네이버 지식백과: 부동산용어사전, https://terms.naver.com/entry.naver?docId=6412239&cid=42094&categoryId=42094
미래와경영연구소(2018), 『부동산용어』, 미래와경영.
상식연구소(2021), 『부동산용어사전 1252』, 서원각.
장희순·김성진(2020), 『부동산용어사전』, 부연사.

○ 집필자 이시우

택지

宅地, Housing Site

집을 지을 수 있는 땅. 건물이 세워져 있거나 건물을 세울 수 있는 여건이 갖추어진 토지를 뜻하며, 보통 주거용 건물이나 부수 건물을 지을 수 있는 토지를 말한다. 법률상으로는 「택지개발촉진법」에 따라 개발·공급되는 주택건설용지 및 공공시설용지를 가리킨다.

북한에서는 '택지'를 '집터' 또는 '주택지(① 살림집을 짓는 일정한 땅. ② 살림집을 짓기에 알맞는 땅.『거울사전 2.0』)'라고 한다.

더 알아보기

남한에서 「택지개발촉진법」에 따른 택지는 주택건설용지와 공공시설용지로 나뉜다. 주택건설용지는 다시 공공택지와 민간택지로 나눌 수 있다. 공공택지란 국가나 지방자치단체, 한국토지주택공사 등 공공기관에서 공공사업에 의하여 개발·조성하는 택지를 말한다. 공공사업에는 국민주택건설사업 또는 대지조성사업, 택지개발사업, 산업단지개발사업, 공공주택지구조성사업, 공공지원민간임대주택 공급촉진지구 조성사업, 도시개발사업, 경제자유구역개발사업, 혁신도시개발사업, 행정중심복합도시건설사업 등이 있다. 이와 달리 민간택지는 민간 기업이 영리를 목적으로 조성한 택지를 말한다.

공공시설용지는 「국토의 계획 및 이용에 관한 법률」에 의한 도로, 철도, 항만, 공항, 공원, 전기, 하천, 학교 등의 기반시설과 「택지개발촉진법 시행령」에 의한 어린이놀이터, 노인정 등의 주거편익시설과 상업·업무시설, 지식산업센터 등 지역의 자족기능 확보를 위해 필요한 시설을 설치하기 위한 토지를 말한다.

한편, 땅을 가리키는 용어로 '대지'와 '부지'가 있다. '대지垈地'는 '각 필지로 나뉘어 있는 토지로 건축물을 건축할 수 있는 땅'을 뜻하며, '부지敷地'는 '대지'나 '택지'보다 넓은 뜻으로 건축이 예정되어 있는 땅이나 철도, 도로, 하천의 바닥 토지를 말한다.

용 례 {택지를} 조성하다. / {택지를} 개발하다. / 수도권 {택지가} 부족한 상황에서 수요자들이 원하는 위치에 넉넉한 물량을 공급하지 못할 것으로 전망되는 데다 '내 집 마련' 수요가 여전한 만큼 부동산 시장을 안정시키기는 어려울 것이라는 지적이 나온다.《서울경제, 2021년 12월 8일》 / 지적확정측량은 도시개발사업 등으로 {택지가} 새로 조성된 지역의 지적공부에 등록하기 위해 실시하는 측량으로, 1976년 5개 사업을 대상으로 시작해 현재 24개 사업을 하고 있습니다.《KBS뉴스, 2021년 11월 30일》

관련어 대지, 부지, 공공택지, 민간택지.

출 전 「국토의 계획 및 이용에 관한 법률」(법률 제18473호, 2021. 10. 8.).
「택지개발촉진법 시행령」(대통령령 제31634호, 2021. 4. 20.).
「택지개발촉진법」(법률 제17875호, 2021. 1. 5.).
국가국어사정위원회·통계정보기술교류사(2017), 『겨울사전 2.0』.
서울특별시 알기 쉬운 도시계획 용어, https://urban.seoul.go.kr/view/mainPop/term.pop?type=add
장희순·김성진(2020), 『부동산용어사전』, 부연사.

집필자 박상훈

토지거래허가제

土地去來許可制, Land Transaction Permission System

국가 기관에서 토지 투기 우려 지역에 대해 토지 거래 허가 구역으로 정하여 계약하기 이전에 국가 기관의 허가를 받도록 한 제도. 토지의 투기적인 거래가 성행하거나 땅값이 급격하게 상승하는 지역, 또는 그럴 우려가 있는 지역에 대해 국가 기관에서 5년 이내의 기간을 정해 허가 구역으로 지정할 수 있다. 허가 구역에 있는 토지를 거래하기 위해서는 시장·군수 또는 구청장의 허가를 받아야 한다.

남한과 사회 체제가 다른 북한에서는 이 용어가 쓰이지 않는다.

더 알아보기

「부동산 거래신고 등에 관한 법률」에 따라 국토교통부장관 또는 시·도지사는 토지의 투기적인 거래가 성행하거나 지가地價가 급격히 상승하는 지역과 그럴 우려가 있는 지역으로서 다음과 같은 지역에 대해서는 토지거래계약에 관한 허가 구역으로 지정할 수 있다.

- 「국토의 계획 및 이용에 관한 법률」에 따른 광역도시계획, 도시·군기본계획, 도시·군관리계획 등 토지이용계획이 새로 수립되거나 변경되는 지역
- 법령의 제정·개정 또는 폐지나 그에 따른 고시·공고로 인하여 토지 이용에 대한 행위 제한이 완화되거나 해제되는 지역

- 법령에 따른 개발사업이 진행 중이거나 예정되어 있는 지역과 그 인근 지역
- 그 밖에 국토교통부장관 또는 시·도지사가 투기 우려가 있다고 인정하는 지역 또는 관계 행정기관의 장이 특별히 투기가 성행할 우려가 있다고 인정하여 국토교통부장관 또는 시·도지사에게 요청하는 지역

다음의 용도별 면적 이하의 토지에 대한 토지거래계약은 허가 없이 할 수 있다.

용도지역		면적
도시 지역	주거지역	180 m^2 이하
	상업지역	200 m^2 이하
	공업지역	660 m^2 이하
	녹지지역	100 m^2 이하
	용도지역 미지정	90 m^2 이하
도시 지역 외의 지역	농지	500 m^2 이하
	임야	1000 m^2 이하
	그 밖의 토지	250 m^2 이하

출전: 「부동산 거래신고 등에 관한 법률 시행령」 제9조.

용 례 {토지거래허가제는} 지난해 ○○○ 정부의 6·17 부동산대책을 통해 서울 주요 지역에도 적용된 바 있다. 이 제도가 도입된 지역은 실거주 목적을 제외하고 거래가 금지되며 실거주를 목적으로 한 매매도 구청 허가를 받아야만 가능하다.《매일경제, 2021년 10월 3일》 / 목동 매매 시장은 최근 일부 단지들의 안전진단이 불발되면서 비교적 잠잠했다. 단기간 집값이 가파르게 오른 데다가 {토지거래허가제로} 묶이면서 거래가 실종되기도 했다.《이코노믹리뷰, 2021년 11월 7일》

◎ 관련어 개발행위허가제.

◎ 출 전 「부동산 거래신고 등에 관한 법률 시행령」(대통령령 제31708호, 2021. 5. 31.).

「부동산 거래신고 등에 관한 법률」(법률 제17483호, 2020. 8. 18.).

상식연구소(2021), 『부동산용어사전 1252』, 서원각.

◎ 집필자 박상훈

토지공개념

土地公槪念

토지의 소유와 처분을 공적인 이익을 위하여 제한할 수 있다는 개념. 다른 소유권과는 달리, 국민의 생활 기반이 되는 토지를 자원으로 인식하여 토지의 개인적 소유권은 인정하되 그 이용은 공공복리에 적합하도록 하자는 것으로, 토지시장이 제대로 작동하지 못할 경우 정부가 토지시장에 개입하는 것을 말한다. 즉, 토지의 공공성과 합리적 사용을 위해 필요한 경우에 한해서 법률로써 특별한 제한 또는 의무 부과를 할 수 있도록 한다는 내용이다.

남한과 사회 체제가 다른 북한에서는 이 용어가 쓰이지 않는다. 다만, 북한의 『거울사전 2.0』(2017)에서는 '토지'를 "지구의 땅표면의 일부로서 일정한 넓이를 가지고 한 위치에 고착되여있으면서 경제발전과 인민생활의 큰 밑천으로 되는 생산수단"으로 풀이하고 있고, 또한 '토지문제'라는 표제항에서는 "땅의 소유권과 리용권을 비롯하여 땅과 관련하여 제기되는 문제. 우리 나라의 모든 토지는 인민의 공동소유로서 그누구도 팔고 사거나 개인의것으로 만들수 없다. 토지는 오직 국가만이 지배할수 있으며 그것을 인민의 리익과 행복을 위하여 협동농장을 비롯한 기관, 기업소, 단체 및 공민들이 여러 방면으로 리용할수 있다."라고 하여 토지의 공익성과 사회성을 강조하고 있다.

더 알아보기

일반적으로 자본주의 경제에서는 소유권은 침범할 수 없다는 것을 전제로 경제가 운용된다. 그런데 토지는 가용면적이 제한적인 반면 토지를 소유하고 토지를 사용하려는 욕구는 계속 증가함으로써 공급이 항상 수요에 미달할 가능성을 안게 된다. 따라서 토지에 대한 투기 현상이 잠재적으로 존재한다. 이러한 문제로 인해 토지가 공공재公共財라는 생각에 바탕을 두고 기존의 토지 소유권이 절대적이라는 생각에 제한을 두고자 한 개념이 토지공개념이다. 「헌법」 제122조는 이에 대해 '국가는 토지소유권에 대해 법률이 정하는 바에 따라 제한과 의무를 과할 수 있다'고 규정하고 있다. 이뿐만 아니라 「민법」 제2조는 '개인의 소유권리라도 권리는 남용하지 못한다'고 규정하고 있으며 동법 제212조에서는 '개인의 소유권이라도 정당한 이익이 있는 범위 내에서만 행사하여야 한다'고 규정하고 있다.

남한에서 이에 대한 본격적인 논의는 1980년대 후반에 부동산투기 열풍과 이에 따른 지가 상승이 서민의 생활고를 가중시켜 부동산투기가 심각한 문제로 부각될 때 이루어졌다. 이에 정부 당국은 1989년 정기국회에서 「택지소유에 대한 법률」, 「토지초과이득세법」, 「개발이익환수에 관한 법률」 등 토지공개념 관련 법률을 제정하였다.

용 례 {토지공개념을} 도입하다. / {토지공개념을} 채택하다. / 토지재산의 소유권을 인정하고 공공복리에 맞게 토지를 이용해야 한다는 개념으로, 토지시장에 문제가 있는 경우 정부가 개입할 수 있게 해 준다. 필요하면 법률로 토지시장을 제한하거나 의무를 지울 수 있다. … 1989년 {토지공개념의} 구체적인 정책이 제정됐으며, 택지소유상한제(위헌), 개발이익환수제, 토지초과이득세(헌법불합치)를 꼽을 수 있다.《단비뉴스, 2022년 1월 24일》 / 이러한 주장 모두 우리 사회의 불공정, 불평등을 {토지공개념을} 통해 개선하고 더 걷힌 세금을 주거복지 등에 사용해 국가 책임을 강화하자는 주장인 것이다.《중부일보, 2021년 6월 21일》

관련어 공개념, 감정평가.

출 전 국가국어사정위원회·통계정보기술교류사(2017), 『거울사전 2.0』.
네이버 지식백과: 시사상식사전(박문각), https://terms.naver.com/entry.naver?

docId=73243&cid=43667&categoryId=43667
미래와경영연구소(2018), 『부동산용어』, 미래와경영.
상식연구소(2021), 『부동산용어사전 1252』, 서원각.
집필자 이시우

토지대장

土地臺帳, Parcels-register for Sites

토지의 현황을 명확하게 하기 위하여 토지의 소재·지번·지목·면적과, 소유자의 주소·주민등록번호·성명 또는 명칭 등을 등록하는 장부. 토지에 관련된 사실상의 상황을 분명하게 하기 위해 만들어진 장부로 토지의 권리관계를 공시하는 토지등기부와는 구별된다. 부동산의 상황에 변동이 생기면 대장등록을 먼저 변경하고 등기부를 이후에 변경하게 된다.

북한의 『거울사전 2.0』(2017)에서는 '토지대장'을 "토지면적과 리용상태, 리용기관 등을 알수 있게 만든 문건. 토지대장은 토지리용의 현실태를 정확히 알고 그에 기초하여 토지를 나라의 경제발전과 인민생활향상에 효과적으로 리용하며 인민경제계획작성의 기초자료로 쓰인다."라고 설명하고 있다.

더 알아보기

남한에서 토지대장은 시장(구를 두는 시에 있어서는 구청장)·군수가 소관하며, 소관청은 이 장부를 지적서고에 비치, 보관하고 이를 영구히 보존해야 한다. 이 장부는 천재지변 등의 위험을 피하기 위한 때를 제외하고는 이를 소관청의 청사 밖으로 반출하지 못한다.

시의 동과 군의 읍면에는 지적공부에 의하여 토지대장 부본을 작성, 비치하고 상시 지적공부와 부합하도록 그 이동사항을 정리하여야 한다. 토지대장에는 다음 사항을 등록한다.

① 토지의 소재: 토지가 존재하는 장소의 시·구·군을 표시하고 1필마다

지번을 붙이고, 그 지목과 면적을 정한다.

② 지번: 토지에 붙어 있는 번호를 말하는데, 대통령령이 정하는 바에 따라 소관청이 지번지역별로 기번하여 정한다.

③ 지목: 토지의 주된 사용목적에 따라 토지의 종류를 구분·표시하는 것으로, 예컨대 논·밭·과수원·목장용지·임야·도로·하천·묘지·염전·대·공원·잡종지 등이다.

④ 면적: 지적 측량에 의하여 지적공부에 등록된 토지의 수평면적을 말하며, 토지대장에 등록하는 면적은 평방미터를 단위로 하여 정한다.

⑤ 소유자의 주소·주민등록번호·성명 또는 명칭.

⑥ 기타 내무부령으로 정하는 사항 등이다.

또한 위와 같은 등록사항 이외에 첫째로 고유번호, 둘째로 지적도의 도호와 당해 대장의 매순, 셋째로 토지등급 또는 기준수확량등급을 등록하여야 한다. 소관청은 위와 같은 사항 이외에 도시계획구역 내에 있어서는 용도지역에 관한 사항을 토지대장에 참고사항으로 기재할 수 있다.

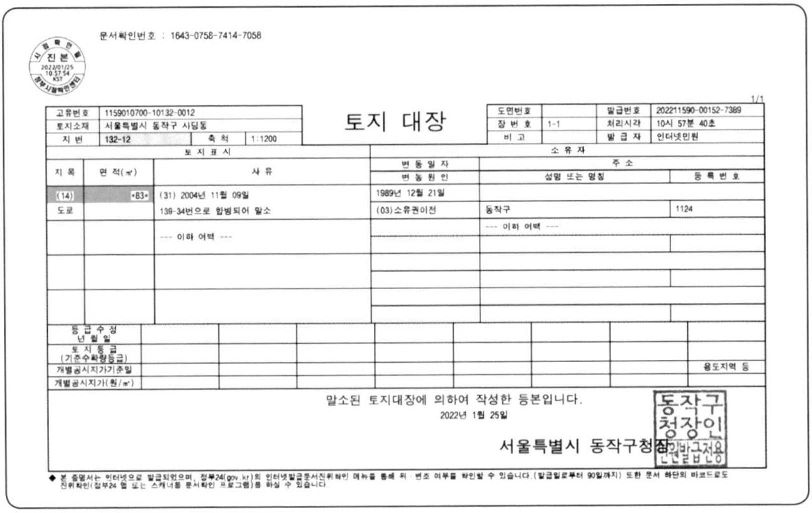

문서확인번호 : 1643-0758-7414-7058

1/1

토지 대장

고유번호	1159010700-10132-0012		
토지소재	서울특별시 동작구 사당동		
지 번	132-12	축 척	1:1200

도면번호		발급번호	202211590-00152-7389
장 번 호	1-1	처리시각	10시 57분 40초
비 고		발 급 자	인터넷민원

토지표시			소유자		
지 목	면 적(㎡)	사 유	변 동 일 자 / 변 동 원 인	주 소 / 성명 또는 명칭	등 록 번 호
(14) 도로	•83•	(31) 2004년 11월 09일 139-34번으로 합병되어 말소	1989년 12월 21일 (03)소유권이전	동작구	1124
		--- 이하 여백 ---		--- 이하 여백 ---	

등급수정 년월일								
토지등급 (기준수확량등급)								
개별공시지가기준일								용도지역 등
개별공시지가(원/㎡)								

말소된 토지대장에 의하여 작성한 등본입니다.

2022년 1월 25일

서울특별시 동작구청장

◆ 본 증명서는 인터넷으로 발급되었으며, 정부24(gov.kr)의 인터넷발급문서진위확인 메뉴를 통해 위·변조 여부를 확인할 수 있습니다.(발급일로부터 90일까지) 또한 문서 하단의 바코드로도 진위확인(정부24 앱 또는 스캐너용 문서확인 프로그램)을 하실 수 있습니다.

용 례 {토지대장을} 열람하다. / 당시 주민등록지 동사무소에서 주소와 이름을 근거로 주민등록번호 정보를 조회해 직권으로 {토지대장에} 주민등록번호를 추가로 등록했는데 해당 과정이 수작업으로 이뤄지다 보니 기재 사항 오기, 동명이인의 주민등록번호 등록 등 오류 발생의 소지가 있었다.《경상일보, 2021년 9월 27일》 / 신규 도로가 개설되면 누군가 보이지 않는 분주함이 있다. 새로 생긴 도로를 측량하고 정확성을 검사하여 그 결과에 따라 새로운 {토지대장을} 만들고 도면을 정리한다.《남도일보, 2021년 7월 8일》

동의어 지적대장.

관련어 토지등기부.

출 전 국가국어사정위원회·통계정보기술교류사(2017),『거울사전 2.0』.
네이버 지식백과: 한국민족문화대백과, https://terms.naver.com/entry.naver?docId=530752&cid=46625&categoryId=46625
미래와경영연구소(2018),『부동산용어』, 미래와경영.
상식연구소(2021),『부동산용어사전 1252』, 서원각.

집필자 이시우

토지리용권

土地利用權 북

북한에서, 토지임대법에 따라 임차한 토지를 이용할 수 있는 권리.

남한에서는 이와 비슷한 말로, '토지 이용권'이 쓰이는데, 『우리말샘』(2022)에서는 이에 대해 "토지 소유자가 토지를 이용하는 것이 불가능하다면, 다른 사람이 토지를 이용할 수 있는 권리."라고 정의하고 있다. 이는 토지는 소유하는 것이 아니라 이용해야 하는 것이라는 생각을 바탕으로 한 견해이다.

더 알아보기

북한의 『거울사전 2.0』(2017)에 따르면, 북한에서는 원칙적으로 토지소유권을 가진 주체가 국가이기 때문에 법에 따라 국가로부터 토지를 빌려야만 토지리용권을 가질 수 있다. 다만, 땅속 또는 물밑에 있는 천연자원, 매장되어 있거나 은닉된 문화 유적유물, 귀금속과 같은 가치 있는 사물에 대한 개발권이나 이용권은 '토지리용권'에 포함되지 않는다.

외국의 법인과 개인, 외국 투자기업은 북한에서 경제활동을 목적으로 토지를 임대받아 이용권을 가질 수 있다. 또한 북한의 기관, 기업소, 단체는 합작, 합영기업에 출자하려는 경우에 토지리용권을 가질 수 있다. 취득하였거나 출자한 토지리용권은 그 소유자의 재산권으로 되며, 국가의 승인을 받아 제3자에게 양도(판매, 재임대, 증여, 상속)하거나 저당을 잡힐 수 있다.

북한에서 토지리용권은 토지를 임대한 기간이 끝나면 스스로 토지임대기관에 반환된다. 이 경우에는 해당 토지 위에 있는 건물과 부착물도 무상으로 반환된다. 그러나 일부 건축물에 대해서는 남아 있는 가치를 보상해 줄 수 있다. 토지리용권은 토지임대기관의 승인을 받아 그 기간을 연장할 수도 있다. 이 경우에는 토지를 임대한 기간이 끝나기 6개월 전에 토지를 빌려준 담당자에게 통지하고 그와 합의하며 합당한 보상을 하거나 다른 토지와 바꾸어 준다.

용 례 북한이 경제개발구에 대한 외국 투자유치를 위해 {토지리용권의} 매매, 재임대, 증여는 물론 상속까지 보장할 것으로 알려졌다. 다만 실제 개발이 아니라 투기를 위한 양도에 대해서는 용인하지 않을 방침이다.《NK경제, 2020년 7월 31일》 / 관광지구에서 기업 또는 개인은 {토지리용권을} 취득하거나 건물을 소유할 수 있다. {토지리용권에는} 토지에 있는 천연자원과 매장물이 속하지 않는다.《연합뉴스, 2004년 10월 11일》

관련어 토지소유권.

집필자 이시우

토지리용분류

土地利用分類, Land Use Classification 북

북한에서, 이용 분야에 따라 여러 가지 형식과 방법으로 토지를 나누는 일.

남한에서는 이와 비슷한 말로 '토지 분류'가 있다. 『우리말샘』(2022)에서는 이에 대해 "토지를 조사하여 자연적·사회적 성질에 따라 분류하는 일. 지형, 경사, 토양, 수리水利 따위를 기준으로 하는 자연적 분류와 이용 가치, 소유 관계 따위를 기준으로 하는 사회적 분류가 있다."라고 정의하고 있다.

더 알아보기

북한 『거울사전 2.0』(2017)의 '토지리용분류' 뜻풀이에 따르면, 국토계획 분야에서의 '토지'는 그 종류에 따라 '농업토지', '주민지구토지', '산림토지', '산업토지', '수역토지', '특수토지'로 구분한다. 그러면서 이에 대한 설명을 덧붙였는데, 이를 옮기면 다음과 같다.

"농업토지는 부침땅, 부치지 않는 땅으로 분류하며 주민지구토지는 도시토지, 농촌부락토지로, 산림토지는 림목지, 무림목지, 비림지로, 산업토지는 공장용지, 광산, 탄광용지, 전기 및 체신용지, 소금생산지, 철도, 도로용지, 항만, 창고용지, 농촌생산시설지 및 기타 용지로, 수역토지는 강하천, 간석지, 호소 및 저수지, 관개수로, 갈밭, 기타 용지로, 특수토지는 혁명전적지 및 혁명사적지, 문화휴식지, 여러가지 보호구역, 정양 및 료양지 등으로 그 리용목적에 따라 세분할수 있다. 이와같이 토지는 리용하는 목적에 따라 여러가지로 분류할수 있다. 이것을 토지리용분류체계라고 한다."

집필자 이시우

토지소유권

土地所有權, Land Ownership

토지를 사용하거나 처분할 수 있는 권리. 남한의 민법에서는 법률의 범위 안에서 그 권리가 지면의 위아래에 다 미치도록 규정하였으나, 광업법의 제한으로 땅속 광물에는 토지소유권의 효력이 미치지 못한다.

북한의 『거울사전 2.0』(2017)에서는, '토지소유권'을 "토지 소유자가 토지를 자기의 의사에 따라 점유, 이용, 처분할 수 있는 권리."라고 정의하고, 국가의 주권과 생산수단이 근로 인민대중의 손에 쥐어져 있는 사회에서만 토지소유권이 인민의 자주적이며 창조적인 생활을 보장하는 수단으로 될 수 있다고 설명하고 있다.

더 알아보기

북한의 『거울사전 2.0』(2017)에 따르면, 광복 직후인 1946년 3월에 3·8선 이북에서는 토지개혁법령이 발포·실시됨으로써 봉건적인 토지 소유제도가 청산되고 실제 경작하는 농민에 의한 토지 소유와 국가적 토지 소유가 발생하였으며, 여기에 맞는 두 가지 토지소유권이 존재하게 되었다. 6·25 전쟁이 끝난 북한에서는 농촌의 경영을 사회주의적으로 개조하였는데, 농업협동화를 시도하고 사회주의의 이념에 따라 모든 토지가 국가와 협농단체의 소유로 되게 하였다. 그에 따라 토지소유권도 국가적 토지소유권과 협동적 토지소유권만이 존재하게 되었다.

북한에서 토지소유권을 가진 주체는 국가이다. 개별적인 국가기관이나 기업소가 국가 소유의 토지를 받아 이용하는 경우에도 토지소유권을 가진 주체는 여전히 국가이다. 협동적 토지소유권을 가진 주체는 개별적 협동농장이며, 협동농장은 국가가 정한 범위 안에서 협동농장 성원들의 의사에 따라 토지소유권을 행사한다.

◎ 용 례 {토지소유권} 이전. / 통상 재개발사업의 경우 {토지소유권을} 놓고 합의가 안 돼 이전고시에 난항을 겪어 등기가 지연되는 사례가 빈번합니다.《MTN뉴스, 2022년 1월 28일》 / 11년 만의 남북정상회담으로 남북관계 호전 기대감이 커지자 실향민들의 북한 내 {토지소유권} 인정 여부에 대한 관심이 높아지고 있다.《뉴스핌, 2018년 4월 28일》

◎ 관련어 토지리용권.

◎ 출 전 국가국어사정위원회·통계정보기술교류사(2017),『거울사전 2.0』.
네이버 지식백과: 부동산용어사전, https://terms.naver.com/entry.naver?docId=6413192&cid=42094&categoryId=42094
상식연구소(2021),『부동산용어사전 1252』, 서원각.

◎ 집필자 이시우

토지수용

土地收用, Land Expropriation

국가나 공공기관이 공익을 위하여 법률이 정하는 바에 따라 정당한 보상을 지급하고 강제적으로 개인이나 법인의 토지 소유권 등을 취득하는 일. 토지 보상 협의가 원만히 이루어지지 않을 경우에 사업시행자는 토지수용위원회의 재결을 받아 보상금을 지급하고 토지의 소유권을 취득한다.

남한과 사회 체제가 다른 북한에서는 이 용어가 쓰이지 않는다.

더 알아보기

「공익사업을 위한 토지 등의 취득 및 보상에 관한 법률」은 공익사업에 필요한 토지 등을 협의 또는 수용에 의하여 취득하거나 사용함에 따른 손실의 보상에 관한 사항을 규정하고 있다.

공익사업의 시행자는 사업에 필요한 토지를 취득하기 위하여 토지 소유자와 먼저 보상에 관하여 협의를 진행한다. 협의가 원만히 이루어지면 계약을 체결하여 보상금을 지급하고 토지의 소유권을 취득한다. 그러나 협의가 이루어지지 않을 경우 사업시행자는 토지수용위원회에 재결을 신청할 수 있다. 사업시행자는 토지수용위원회가 재결한 보상금을 지급하거나 공탁하고 토지의 소유권을 강제로 취득한다. 만약 토지 소유자가 토지수용위원회의 재결에 이의가 있다면 중앙토지수용위원회에 이의를 신청하거나 행정소송을 제기할 수 있다.

《 수용·이의 재결 절차 》

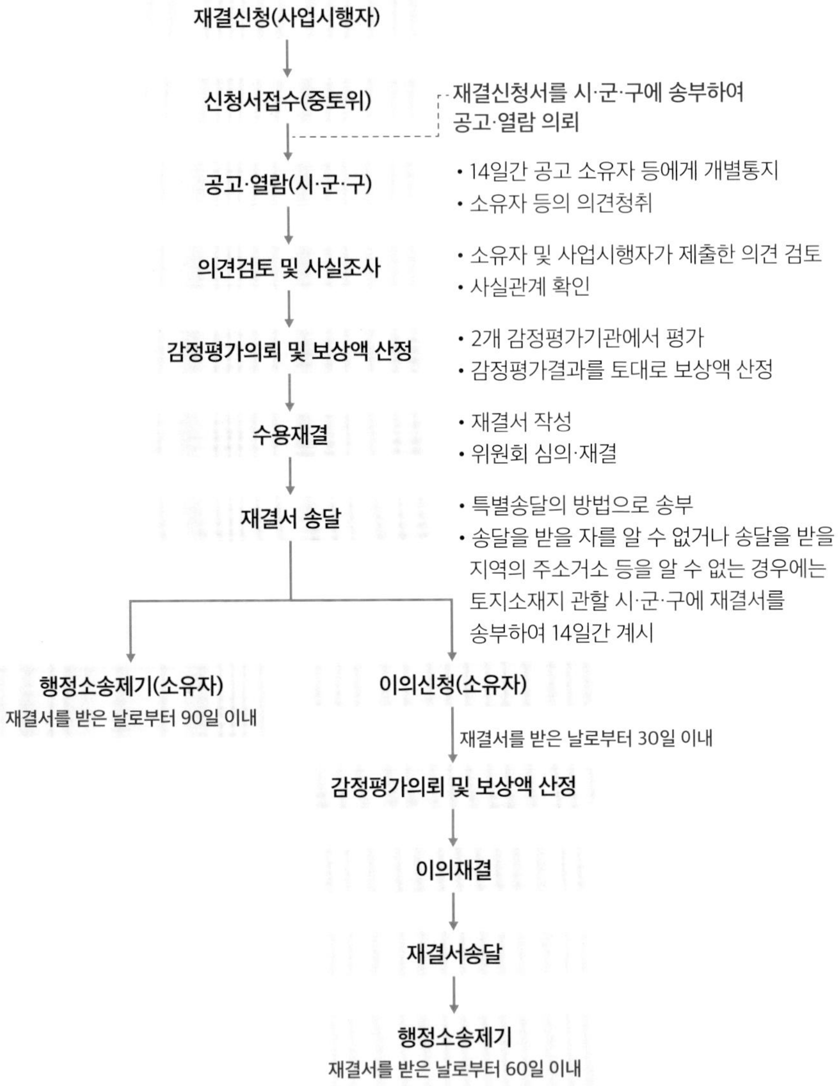

출처: 국토교통부 중앙토지수용위원회, https://oclt.molit.go.kr

용 례 실제로 기업도시개발사업, 산업도시개발사업 같은 택지사업의 경우에는 {토지수용} 시, 토지주 동의가 필요없으며 도시군계획시설사업, 도시개발사업, 민간임대주택사업 등은 토지주의 1/2 이상이 동의하면 {토지수용이} 가능하다.《머니투데이, 2021년 2월 4일》 / {토지수용을} 하려면 산업통상자원부로부터 전원개발실시계획 승인을 받아야 하는데 주민 반발로 쉽지 않을 전망이다.《뉴스1, 2021년 6월 8일》

관련어 수용재결, 이의재결.

출 전 「공익사업을 위한 토지 등의 취득 및 보상에 관한 법률」(법률 제18312호, 2021. 7. 20.).

국토교통부 중앙토지수용위원회, https://oclt.molit.go.kr

장희순·김성진(2020), 『부동산용어사전』, 부연사.

집필자 박상훈

토지임대료

土地賃貸料

토지 소유자가 그 토지를 임대하여 사용하는 사람에게서 징수하는 화폐나 기타 대가.

북한의 『거울사전 2.0』(2017)에서는, '토지임대료'를 "토지를 빌려준 값으로 받는 돈."이라고 정의하고, 토지임대료에는 '토지리용권'을 넘겨주는 값과 토지를 이용하는 값이 속한다고 설명하고 있다.

더 알아보기

북한은 토지가 전국가적, 협동적 소유로 되어 있고 생산수단에 대한 사적 소유가 허용되지 않는다. 따라서 토지임대의 개념이 없고 이에 따라 토지임대료가 발생하지 않는다. 역사적으로 보면 광복 직후인 1946년에 3·8선 이북에서는 토지개혁이 철저히 수행됨으로써 토지임대가 없어졌다. 이후 북한 정권이 탄생한 뒤에도 토지임대료는 다만 《조선민주주의인민공화국 토지임대법》에 따라 외국 투자기업과 외국인 그리고 북한의 영토 밖에 거주하는 해외동포가 북한의 토지를 빌리는 경우에만 존재하게 되었다.

북한은 자본주의 사회에 지금도 남아 있는 토지임대료를 '토지를 빌린 대가로 농업자본가가 토지 소유자에게 무는 지대'로 규정하고, 이것을 '자본주의적 착취관계를 반영하는 지대이며 잉여생산물 또는 잉여가치의 일부'라는 관점을 지니고 있다.

용 례 {토지임대료} 인하. / 북한 당국이 황해도 평야 지역에서 농민들에게 '협동농장 임대료'를 선불로 받고 있다고 '자유아시아방송(RFA)'이 전했다. '토지 무상분배'의 핵심인 협동농장에서 {토지임대료를} 받자 돈이 없는 농민들의 원성이 크다고 한다.《뉴데일리, 2019년 3월 7일》 / 토지임대부 주택은 토지는 공공이 갖고, 건물만 분양하는 공급 유형으로 분양받는 사람은 {토지임대료를} 내고 평생 자가(自家)로 살 수 있다.《아시아투데이, 2021년 2월 2일》

관련어 토지리용권.

집필자 이시우

토지임대차제도

土地賃貸借制度, System of Land Lease 북

북한에서, 한편의 당사자는 값을 받고 일정한 기간에 토지의 이용권을 상대편 당사자에게 넘겨주고, 상대방은 값을 물고 그것을 넘겨받아 이용하는 제도.

남한에서는 토지를 빌리고 빌려주는 일은 빌리는 사람과 빌려주는 사람의 계약에 의해 성립하기 때문에 계약의 안정성을 위한 법적인 보호 장치가 있을 뿐이지 그 자체를 제도로 여기지는 않는다. 따라서 남한에서는 '임대차계약'의 개념으로 본다.

더 알아보기

토지임대차제도는 토지에 대한 사적소유제와 관련이 깊다. 자본주의 국가에서 토지는 대부분 개인의 사적인 소유이므로 토지 소유자는 자유로이 토지의 이용권을 다른 사람에게 빌려주면서 그 값을 받는다. 그리고 자본주의 국가에서는 토지를 빌리는 경우 그에 대하여 해당 등록기관에 등록하면 제3자에게 자기의 권리를 주장할 근거가 되고 당사자들 사이의 일반적인 권리의무관계만을 법에 규정하고 있다.

이에 비해 북한에서는 토지가 '국가와 협동단체의 소유'로 되어 있기 때문에 토지임대차제도를 필요로 하지 않았다. 하지만 최근 1990년대에 들어서면서 북한에서도 외국 자본의 투자 유치가 많아지고 라선자유경제무역지대가 창설됨에 따라 1993년도에 토지를 빌려주며 또한 빌린 토지를 이용하

는 질서를 규제한 토지임대법이 채택되었다.

북한 토지임대차제도의 기본 내용은 토지임대차 당사자와 기간, 임대방법, 토지리용권의 양도와 저당 질서, 토지임대료의 납부와 토지리용권의 반환 등이다.

토지의 임대는 국토관리기관이, 자유경제무역지대에서는 지대당국이 임대를 하며 외국 투자기업, 외국기관, 외국인, 북한 영토 밖에 거주하는 해외동포는 경제 활동 또는 거주를 하기 위해 토지를 빌릴 수 있다. 북한의 기관, 기업소, 단체도 국가의 승인을 받아 토지를 외국인투자기업에 투자할 수 있다. 토지임대차 기간은 당사자들이 합의하여 최고 50년까지 정할 수 있다. 토지의 임대차는 협의의 방법으로 한다.

자유경제무역지대에서는 경매나 입찰의 방법으로 할 수 있다. 토지를 임대차하려는 당사자들은 토지임대차 계약을 맺고 토지리용증을 발급받은 다음 등록하여야 한다. 빌린 토지는 임대차 계약에 정한 용도와 국토건설총계획과 도시, 마을 세부계획에 맞게 그리고 토지법규범에 맞게 개발하고 이용해야 한다. 빌린 토지리용권은 토지를 빌려준 기관의 승인을 받아 제3자에게 양도, 재임대, 증여하며 상속시키거나 저당을 잡힐 수 있다.

토지임대료에는 '토지리용권값'과 '토지사용료'가 포함된다. 토지리용권값은 빌린 사람이 임대차 계약을 맺은 때 전액을 지불하거나 계약에 따라 5년 안에 분할지불해야 한다. 토지사용료는 빌린 토지를 사용하는 사람이 국가에 매년 지불해야 한다.

토지리용권은 임대한 기간이 끝나면 토지임대자에게 자동적으로 반환되며 동시에 토지에 있는 건축물과 부착물도 함께 무상으로 반환된다. 일부 정한 건물에 대해서는 남은 가치를 보상해 줄 수 있다. 임대 기간이 끝나면 빌린 사람은 빌린 토지를 원상복구해야 한다. 용도에 맞지 않게 이용하거나 승인 없이 용도를 변경시켰거나 양도, 저당한 경우, 임대차 계약에 정한 대로 투자하지 않았을 경우에는 이에 상응하는 법적 제재를 받는다.

관련어 토지리용권.

집필자 이시우

투기지역

投機地域

주택이나 토지 등의 부동산 가격이 급등하거나 급등할 우려가 있어 기획재정부장관이 부동산가격안정심의위원회의 심의를 거쳐 지정하는 지역. 특히 주택의 가격 상승률이 물가 상승률보다 현저히 높아서 주택에 대한 투기가 성행할 우려가 있는 지역에 대해 국토교통부장관 또는 시·도지사가 지정하는 지구를 '투기과열지구'라고 한다.

남한과 사회 체제가 다른 북한에서는 이 용어가 쓰이지 않는다.

더 알아보기

2003년부터 도입된 '투기지역'은 '주택투기지역'과 '토지투기지역'으로 구분된다. 주택투기지역은 직전 1개월의 주택가격상승률이 전국소비자물가 상승률보다 30% 이상 높은 지역으로 최근 2개월 간의 월평균 상승률이 전국 평균보다 30% 이상 높거나 지난 1년간 연평균 상승률이 3년간 전국 평균 상승률보다 높은 지역이 대상이다. 토지투기지역은 직전분기의 지가상승률이 전국소비자물가상승률보다 30% 이상 높은 지역으로서 당해 지역의 직전분기 지가상승률이 전국지가상승률보다 30% 이상 높은 지역이나 직전 1년간의 연평균 지가상승률이 직전 3년간 연평균 전국 지가상승률보다 높은 지역이 대상이 된다.

투기지역으로 지정될 경우에 양도소득세를 한시적으로 중과세 부가를 받게 되며, 다주택 및 비사업용 토지에 양도세가 중과세되고 또한 금융 규제도

받게 된다. 투기지역에 지정되어 6개월이 지난 뒤 누계가격상승률이 전국 평균 이하이거나 최근 3개월간 누계가격상승률이 전국 평균 이하로 떨어지면 투기지역에서 해제된다.

투기과열지구 지정 요건은 주택가격상승률이 물가상승률보다 현저히 높은 지역 가운데 최근 2개월간 해당 지역 공급 주택의 청약경쟁률이 5 대 1을 초과하거나 국민주택규모(전용면적 85m²) 이하의 주택 청약경쟁률이 10 대 1을 초과한 경우, 주택사업계획 승인이나 주택건축허가 실적이 최근 수년간 급감해 주택공급 위축에 따른 가격상승 소지가 있는 경우, 주택 전매행위 성행으로 주거 불안의 우려가 있거나 신도시 개발 등으로 투기가 우려되는 경우, 분양계획이 전월 대비 30% 이상 감소하는 경우 등이다.「주택법」41조에 따르면 투기과열지구 지정요건에 해당하는 경우 국토교통부장관 또는 시·도지사는 주택가격 안정화를 위해 필요하다고 판단될 때 주택정책심의위원회의 심의를 거쳐 투기과열지구를 지정하거나 해제할 수 있다.

양도소득세가 중과세되는 투기지역 지정과 달리 '투기과열지구'로 지정되면 전용면적 85m² 이하 아파트 공급물량 가운데 50%를 청약 1순위자 중 35세 이상, 무주택 5년 이상 서민들에게 의무적으로 우선 분양해야 하며, 주상복합건축물 가운데 주택이나 오피스텔은 선착순이 아닌 입주자 공개모집을 통해서만 분양이 가능하다. 또한 등기 시까지 분양권 전매 제한, 청약 1순위 제한, 조합원 지위 양도금지 등의 행정규제가 따른다.

◎ 용 례 {투기지역으로} 지정되다. / {투기과열지구에} 속하다. / 아울러 기존에 전세대출을 받은 사람이 {투기지역과} {투기과열지구} 내 3억 원 초과 아파트를 신규로 구입할 경우 대출 연장이 제한된다.《아시아타임즈, 2020년 6월 19일》/ 그간 {투기지역의} 규제가 세제를 중심으로 가장 강했지만, 이번 정부에서 부동산 규제가 점차 강화되면서 {투기과열지구}·조정대상지역과 규제 강도가 사실상 비

슷해졌다.《조선비즈, 2020년 5월 27일》

관련어 조정대상지역.

출 전 「소득세법」(법률 제18578호, 2021.12.08.).

네이버 지식백과: 시사상식사전, https://terms.naver.com/entry.naver?docId=73275&cid=43667&categoryId=43667

네이버 지식백과: 시사상식사전, https://terms.naver.com/entry.naver?docId=930197&cid=43667&categoryId=43667

네이버 지식백과: 한국민족문화대백과, https://terms.naver.com/entry.naver?docId=2459018&cid=46673&categoryId=46673

미래와경영연구소(2018), 『부동산용어』, 미래와경영.

집필자 이시우

확정일자

確定日字, Fixed Date

문서가 작성된 일자에 대하여 완전한 증거력이 있는 것으로 법률에서 인정하는 일자. 문서가 특정한 날짜에 존재하고 있었다는 것을 증명하는, 법률상으로 효력이 있는 일자를 가리킨다. 주택임대차계약을 한 경우 주민센터 등에서 계약한 날짜를 확인하여 주기 위하여 계약서에 그 날짜가 적힌 도장을 찍어 주는데, 이때 그 날짜를 가리킨다. 임차주택이 경매될 경우 후순위 권리자보다 우선하여 보증금을 돌려받을 수 있는 우선변제권이 생긴다.

남한과 사회 체제가 다른 북한에서는 이 용어가 쓰이지 않는다.

더 알아보기

전세나 월세 세입자의 경우 가급적 이사 당일에 전입신고를 하고, 임대차계약서에 확정일자를 받아 두는 것이 좋다. 전입신고를 하고 확정일자를 받으면 「주택임대차보호법」의 규정에 의해 대항력과 우선변제권이 생겨, 임차주택이 경매에 들어가더라도 후순위 권리자보다 우선적으로 보증금을 돌려받을 수 있다.

임차인은 주택임대차계약서 원본 또는 사본을 가지고 임차주택 소재지의 읍·면사무소나 동 주민센터에 방문하면 확정일자를 받을 수 있다. 또한 「부동산 거래신고 등에 관한 법률」에 따라 임대차계약을 신고하면 확정일자가 자동으로 부여된다. 신고 대상은 수도권과 광역시, 세종시, 도의 시 지역에 있는 주택의 보증금 6,000만 원 또는 월세 30만 원을 넘는 주택임대차계약이다.

용 례 {확정일자를} 받다. / 스마트하우스 앱 이용 시 언제 어디서나 임차인들이 임대차계약서만 등록하면 자동 전월세신고와 {확정일자가} 동시에 부여된 주택임대차신고필증을 임대주택 소재지 관할 주민센터로부터 받을 수 있다.《서울경제TV, 2021년 7월 2일》 / 온라인으로 임대차신고를 하면서 계약서만 이미지 파일로 첨부하면 {확정일자를} 받을 수 있게 돼, 주민센터나 관할 등기소를 직접 방문해야했던 불편이 사라질 전망이다.《한겨레, 2021년 5월 19일》

관련어 전입신고, 대항력, 우선변제권.

출 전 「부동산 거래신고 등에 관한 법률」(법률 제17483호, 2020. 8. 18.).
「주택임대차보호법」(법률 제17363호, 2020. 6. 9.).
네이버 지식백과: 시사상식사전(박문각), https://terms.naver.com/list.naver?cid=43667&categoryId=43667
찾기 쉬운 생활법령정보(법제처), https://easylaw.go.kr

집필자 박상훈

환경영향평가

環境影響評價, Environmental Impact Assesment

계획이나 사업이 환경에 미치는 영향을 미리 조사·예측·평가하여 해로운 환경의 영향을 피하거나 제거·감소시킬 수 있는 방안을 마련하는 제도. 환경영향평가는 환경에 영향을 미치는 계획이나 사업을 승인하기 전에 시행하는 제도로서 「환경영향평가법」에 따라 운영된다.

북한의 『거울사전 2.0』(2017)에서는 '환경영향평가'를 "자연적 및 사람들의 경제적활동이 인류의 생존환경 즉 구체적인 환경요소에 주는 영향정도에 대한 평가. 환경과학분야에서 환경영향평가문제는 세계적으로 1969년에 제기되여 급속히 발전하기 시작한 환경질량평가내용의 한 측면을 이룬다. 환경영향평가의 목적은 환경상태의 변화과정을 사전에 미리 예견함으로써 환경과 사회경제적활동과의 호상관계를 조절통제하며 유리한 자연환경을 유지보존하고 불리한 자연환경을 유리한 자연환경으로 개조하자는데 있다. 환경영향평가는 자연환경영향평가와 사회적환경영향평가로 나눈다."라고 설명하고 있다.

'환경영향평가'에 대한 정의와 목적은 남북이 유사하지만, 그 평가 과정의 세부적인 내용에 있어서는 남북의 차이가 있다.

더 알아보기

남한에서의 환경영향평가는 1977년에 「환경보전법」이 제정되면서 최초로 도입되었다. 이후 2001년에 「환경·교통·재해 등에 관한 영향평가법」으로 통합 운영되다가, 2009년에 「환경영향평가법」으로 전부 개정되면서부터는 환경영향평가 규정을 대폭 강화하였고, 그 밖의 교통·재해·인구영향평가는 삭제하였다. 환경영향을 평가하는 분야는 도시의 개발사업, 산업입지 및 산업단지의 조성사업, 에너지 개발사업, 항만의 건설사업, 도로의 건설사업, 수자원의 개발사업, 철도(도시철도 포함)의 건설사업, 공항의 건설사업, 하천의 이용 및 개발 사업, 개간 및 공유수면의 매립사업, 관광단지의 개발사업, 산지의 개발사업, 특정 지역의 개발사업, 체육시설의 설치사업, 폐기물 처리시설의 설치사업, 국방·군사 시설의 설치사업, 토석·모래·자갈·광물 등의 채취사업, 처리시설 또는 공공처리시설의 설치사업 등이다.

다만, 특별시장·광역시장·도지사·특별자치도지사는 이에 해당하지 않는 사업이라도 지역적 특성을 고려하여 필요한 경우에는 조례로 정하여 환경영향평가를 실시하게 할 수 있다.

사업자가 환경영향평가를 실시하려고 하는 경우에는 평가항목 및 그 범위 등에 대한 환경영향평가계획서를 작성하고, 환경영향평가를 실시한 다음에는 환경영향평가서를 제출해야 한다.

출처: 서울특별시 알기 쉬운 도시계획 용어,
https://urban.seoul.go.kr/view/mainPop/term.pop?type=add

용 례 {환경영향평가를} 실시하다. / 해당 사업은 규모가 크지 않다는 이유로 {환경영향평가를} 받지 않은 데다, 모노레일 설치 경비도 물품으로 처리가 되어 논란이 일었다.《오마이뉴스, 2022년 1월 21일》 / 가평군은 2027년까지 하루 70t 처리 규모의 생활폐기물 소각장을 건설할 계획이다. 올해 안에 건립 예정지를 선정한 뒤 {환경영향평가} 등을 거쳐 내년 상반기 건립지를 결정할 방침이다.《연합뉴스, 2022년 1월 18일》

관련어 전략환경영향평가, 소규모 환경영향평가.

출 전 「환경영향평가법」(법률 제18432호, 2021.08.17.).
「환경영향평가법시행령」(대통령령 제32251호, 2021.12.28.).
국가국어사정위원회·통계정보기술교류사(2017), 『거울사전 2.0』.
미래와경영연구소(2018), 『부동산용어』, 미래와경영.
상식연구소(2021), 『부동산용어사전 1252』, 서원각.

집필자 이시우

남북 부동산 용어 대응쌍

남한	북한
가등기	
감정평가	
개발이익환수제도	
개발제한구역	
소유권	개인소유권
건부지	
건축물 용도 분류	
건축물대장	
건폐율	
계약갱신청구권	
계약금	계약금
계약해제	계약해제
고층 주택, 아파트	고층주택
공동주택	공동주택
공시지가	
공업지역	공업지역
공용면적	
관리비	관리비
관리지역	
구분지상권	
국민주택	
근저당권	
기준금리	
나지	빈땅
녹지지역	
농림지역	
농지	농지
다가구주택	아빠트
다세대주택	아빠트
단독주택	단층주택

남한	북한
대지	대지
도시개발사업	
등기	등기
등기권리증	
등록세	
맹지	
보증금	보증금
부동산 가격	부동산 가격
부동산 경매	
부동산 계약	
부동산 담보대출	부동산 담보대부
부동산 등기	
부동산 취득세	
부동산	부동산
분양가상한제	
분양면적	
살림집	살림집
상가건물 임대차보호법	
상속세	
상업지역	
시장가치	
양도소득세	
오피스텔	
용도지역	
용적률	
원금균등분할상환	
유치권	류치권
이행강제금	
임차권	

남한	북한
잡종지	
재개발사업	
재건축사업	
저당권	저당권
전대차	전대차, 다시빌리기
전세권	
전용면적	
전월세상한제	
전월세신고제	
전입신고	거주등록
점유권	점유권
조정대상지역	
종합부동산세	
주거지역	거주지역
	주민지구토지
주상복합건물	
주택담보대출비율	
주택바우처제도	
주택연금	
주택임대차보호법	
주택청약종합저축	

남한	북한
준주거지역	
지상권	지상권
직주접근	
총부채상환비율	
총부채원리금 상환비율	
취락지구	
택지	집터, 주택지
토지거래허가제	
토지공개념	
토지대장	토지대장
토지 이용권	토지리용권
토지 분류	토지리용분류
토지소유권	토지소유권
토지수용	
토지임대료	토지임대료
	토지임대차 제도
투기지역	
확정일자	
환경영향평가	환경영향평가

참고 문헌

- 「가등기담보 등에 관한 법률」(법률 제14474호, 2016. 12. 27.).
- 「감정평가에 관한 규칙」(국토교통부령 제882호, 2021. 8. 27.).
- 「개발이익환수에 관한 법률」(법률 제17007호, 2020. 2. 18.).
- 「개발제한구역의 지정 및 관리에 관한 특별조치법 시행령」(대통령령 제32305호, 2021. 12. 31.).
- 「개발제한구역의 지정 및 관리에 관한 특별조치법」(법률 제18337호, 2021. 7. 27.).
- 「건축물대장의 기재 및 관리 등에 관한 규칙」(국토교통부령 제882호, 2021. 8. 27.).
- 「건축법 시행령」(대통령령 제32344호, 2022. 1. 18.).
- 「건축법」(법률 제18825호, 2022. 2. 3.).
- 「공간정보의 구축 및 관리 등에 관한 법률」(법률 제17893호, 2022. 1. 13.).
- 「공동주택 분양가격의 산정 등에 관한 규칙」(국토교통부령 제882호, 2021. 8. 27.).
- 「공동주택관리법」(법률 제17893호, 2021.01.12.).
- 「공익사업을 위한 토지 등의 취득 및 보상에 관한 법률」(법률 제18312호, 2021. 7. 20.).
- 「국토의 계획 및 이용에 관한 법률 시행령」(대통령령 제31961호, 2021. 8. 31.).
- 「국토의 계획 및 이용에 관한 법률」(법률 제18473호, 2021. 10. 8.).
- 「농지법」(법률 제18021호, 2021. 4. 13.).
- 「대한민국헌법」(헌법 제10호, 1987. 10. 29.).
- 「도시 및 주거환경정비법」(법률 제17814호, 2020. 12. 31.).
- 「도시개발법」(법률 제17939호, 2021. 3. 16.).
- 「민법」(법률 제17905호, 2021. 1. 26.).
- 「부동산 가격공시에 관한 법률」(법률 제17459호, 2020. 6. 9.).
- 「부동산 거래신고 등에 관한 법률 시행령」(대통령령 제31708호, 2021. 5. 31.).
- 「부동산 거래신고 등에 관한 법률」(법률 제17483호, 2020. 8. 18.).
- 「부동산등기법」(법률 제16912호, 2020. 2. 4.).
- 「상가건물 임대차보호법」(법률 제18675호, 2022. 1. 4.).
- 「상속세 및 증여세법」(법률 제18591호, 2021. 12. 21.).
- 「소득세법」(법률 제18578호, 2021. 12. 8.).
- 「오피스텔 건축기준」(국토교통부고시 제2021-1227호, 2021. 11. 12.).

- 「재건축초과이익 환수에 관한 법률」(법률 제18315호, 2021. 7. 20.).
- 「종합부동산세법」(법률 제18449호, 2021. 9. 14.).
- 「주민등록법 시행령」(대통령령 제32340호, 2022. 1. 18.).
- 「주택공급에 관한 규칙」(국토교통부령 제914호, 2021. 11. 16.).
- 「주택법」(법률 제16870호, 2020. 1. 23.).
- 「주택임대차보호법」(법률 제17363호, 2020. 6. 9.).
- 「지방세법」(법률 제17893호, 2022. 1. 13.).
- 「택지개발촉진법 시행령」(대통령령 제31634호, 2021. 4. 20.).
- 「택지개발촉진법」(법률 제17875호, 2021. 1. 5.).
- 「택지소유상한에 관한 법률」(법률 제5410호, 1997. 8. 30.).
- 「표준지공시지가 조사·평가 기준」(국토교통부훈령 제1235호, 2019. 10. 23.).
- 「환경영향평가법」(법률 제18432호, 2021. 8. 17.).
- 「환경영향평가법 시행령」(대통령령 제32251호, 2021. 12. 28.).
- 경향신문(2017.6.6.), 'LTV·DTI의 역사', https://www.khan.co.kr/economy/economy-general/article/201706060600001
- 국가국어사정위원회·통계정보기술교류사(2017), 『겨울사전 2.0』.
- 국립국어원 우리말샘, https://opendict.korean.go.kr/main
- 국립국어원 표준국어대사전, https://stdict.korean.go.kr/main/main.do
- 국세청 홈택스, https://www.hometax.go.kr
- 국세청 홈페이지, https://www.nts.go.kr
- 국세청(2021), 「생활세금 시리즈」.
- 국세청·행정안전부(2021), 「주택과 세금」.
- 국토교통부 중앙토지수용위원회, https://oclt.molit.go.kr
- 금융감독원(2015), 『대학생을 위한 실용 금융』, 금융감독원 금융교육국.
- 금융위원회 보도자료(2021.10.26.), https://www.fsc.go.kr
- 금융위원회 보도자료(2021.5.31.), https://www.fsc.go.kr
- 금융위원회 홈페이지, https://www.fsc.go.kr
- 네이버 지식백과: 두산백과, https://terms.naver.com/list.naver?cid=40942&categoryId=40942
- 네이버 지식백과: 매일경제용어사전, https://terms.naver.com/list.naver?cid=43659&categoryId=43659

- 네이버 지식백과: 법률용어사전(법문북스), https://terms.naver.com/list.naver?cid=42131&categoryId=42131
- 네이버 지식백과: 부동산용어사전, https://terms.naver.com/list.naver?cid=42094&categoryId=42094
- 네이버 지식백과: 시사경제용어사전(기획재정부), https://terms.naver.com/list.naver?cid=43665&categoryId=43665
- 네이버 지식백과: 시사상식사전(박문각), https://terms.naver.com/list.naver?cid=43667&categoryId=43667
- 네이버 지식백과: 토지이용 용어사전, https://terms.naver.com/list.naver?cid=42154&categoryId=42154
- 네이버 지식백과: 한국민족문화대백과, https://terms.naver.com/list.naver?cid=44621&categoryId=44621
- 네이버 포스트: 국토교통부, https://post.naver.com/my.naver?memberNo=5113437
- 뉴시스(2021.2.20.), '[집피지기]원금균등? 원리금균등?…대출 받기 전 확인하세요', https://newsis.com/view/?id=NISX20210219_0001345454&cID=10401&pID=10400
- 대한민국 영문법령(한국법제연구원), https://elaw.klri.re.kr
- 대한민국법원 법원경매정보(https://www.courtauction.go.kr).
- 문제헌(2016), 「LTV·DTI의 규제거버넌스 고찰」, 『한국거버넌스학회보』 23-1, 한국거버넌스학회, 1-23쪽.
- 미래와경영연구소(2018), 『부동산용어』, 미래와경영.
- 박진실(2019), 『공간정보의 구축 및 관리 등에 관한 법률』, 유페이퍼.
- 법무부·국토교통부(2020.8.), 「2020년 7월 31일 개정 '주택임대차보호법' 해설집」.
- 부동산 공시가격알리미(국토교통부), http://www.realtyprice.kr
- 부동산 정보 포털 사이트 씨:리얼(한국토지주택공사), https://seereal.lh.or.kr
- 부동산114(2014.7.24.) 'LTV, DTI 금융규제 연혁 및 효과는?', https://www.r114.com/?_c=Research&_m=Detail&bno=200&num=5283
- 부동산거래관리시스템(국토교통부), https://rtms.molit.go.kr
- 사회과학출판사 편(2017), 『조선말대사전』, 사회과학출판사.
- 상식연구소(2021), 『부동산용어사전 1252』, 서원각.

• 서경규(2018), 「구분지상권의 보상감정평가에 관한 연구」, 『감정평가학논집』 17-3. 한국감정평가학회. 59-84쪽.
• 서울특별시 공식블로그, https://blog.naver.com/haechiseoul
• 서울특별시 알기 쉬운 도시계획 용어, https://urban.seoul.go.kr/view/mainPop/term.pop?type=add
• 안정근(2014), 『현대부동산학[제5판]』, 양현사.
• 온라인 건축용어사전(대한건축학회), http://dict.aik.or.kr
• 이종수(2009), 『행정학사전』, 대영문화사.
• 이창석(2014), 『알기 쉬운 부동산학개론』, 형설출판사.
• 이춘원(2017), 「개발이익환수에 관한 검토」, 『不動産法學』 21-2, 한국부동산법학회, 129-159쪽.
• 인천광역시 홈페이지, https://www.incheon.go.kr
• 장희순·김성진(2020), 『부동산용어사전』, 부연사.
• 주택임대차분쟁조정위원회 누리집(www.hldcc.or.kr).
• 주택임대차신고제 홍보 리플렛(국토교통부 부동산거래관리시스템), https://rtms.molit.go.kr/wc/lm/egovLmList.do?bullCd=1
• 찾기 쉬운 생활법령정보(법제처), https://easylaw.go.kr
• 토지이음: 토지이용 용어사전, http://www.eum.go.kr/web/in/dc/dcDictList.jsp
• 한국부동산원 청약홈, https://www.applyhome.co.kr
• 한국주택금융공사(2021), 「국민을 위한 참쉬운 주택연금 가이드」.
• 한국주택금융공사, https://www.hf.go.kr

남북한 일반인이 알아야 할
부동산용어사전

2022년 5월 10일 인쇄
2022년 5월 15일 발행

지은이 김병욱·한용운 외 공저/
사단법인 북한개발연구소
펴낸이 조승식
펴낸곳 도서출판 북스힐
등록 1998년 7월 28일 제22-457호
주소 서울특별시 강북구 한천로153길 17
전화 02-994-0071
팩스 02-994-0073
홈페이지 www.bookshill.com
이메일 bookshill@bookshill.com

ISBN 979-11-5971-430-6
값 25,000원

* 본 사전은 재단법인 통일과나눔의 지원하에 출판되었습니다.